Jörg Zink · Das christliche Bekenntnis

W0105269

Jörg Zink

Das christliche Bekenntnis

Ein Vorschlag

Kreuz Verlag

2 3 4 5   00 99 98 97 96

© Kreuz Verlag Stuttgart 1996, Postfach, 70506 Stuttgart
Umschlaggestaltung: Jürgen Reichert, Stuttgart
Autorenfoto: Georgios Anastasiades
Gesamtherstellung: Wilhelm Röck,Weinsberg
ISBN 3 7831 1488 8

Das Alte,
soweit es Anspruch darauf hat,
sollen wir lieben,
aber für das Neue
sollen wir recht eigentlich leben.

Theodor Fontane

Inhalt

1

Feste entstehen beim Erzählen

Es gibt Sternstunden im Menschenleben. Sie können so beginnen, daß zwei anfangen, miteinander zu reden, nachdem lange Zeit Schweigen zwischen ihnen gewesen war. Oder so, daß sie zu einem ernsthaften Gespräch finden, nachdem lange Zeit das Gerede hin und her gegangen war. Oder so, daß nach vielen Gesprächen einer sich ein Herz faßt und ausspricht, was ihm zuinnerst wichtig ist, was er glaubt, wovon er lebt. Oft dauert es Jahrzehnte, bis ein Mann oder eine Frau dieses Wagnis eingeht. Oder bis ein alter Vater anfängt, so zu seinen Kindern zu reden. Bis er sagt, was er erfahren und was von da an seinen Weg bestimmt hat, bis er sagt, worauf er zugeht, was er erhofft, wenn er über die Schwelle geht.

Von ungezählten Großvätern von heute kam nie ein Wort zu ihren Kindern oder Enkeln über die Erfahrungen eines Gewaltregimes, eines Krieges und einer Gefangenschaft. Von ungezählten Großmüttern nichts über das Leid der Vertreibung und nie ein Wort über die Bedeutung, die dies alles für ihr Denken und ihren Lebensweg gehabt hat. Immer wieder höre ich das von Frauen und Männern mittleren Alters: »Mein Vater muß schreckliche Dinge erlebt haben. Aber er hat nie davon geredet. Im Grunde kenne ich ihn gar nicht.«

9

Es ist eigentlich seltsam: Unser Leben besteht in einem ständigen Reden. Aber kaum je kommen die Gedanken über unsere Lippen, um die es sich wirklich lohnt. Kaum je geschieht es, daß einer sagt: Laß uns von dem reden, was mit unserem Menschenschicksal auf dieser Erde wirklich gemeint ist, was das ist, was wir Gott nennen! Was wir selbst von uns für ein Bild haben. Wofür wir wirklich dankbar sind. Was wir wahrhaft lieben. Was der Grund ist, auf dem wir stehen, abgesehen von allem, was uns mißlingt und was uns danebengeht. Was das Wichtigste ist zwischen uns. Es sind die wunderseltenen Augenblicke.

Aber im Grunde sind dies die eigentlichen Lichtpunkte in unserer Lebenszeit. Die festlichen Augenblicke. Die Augenblicke, um die es sich lohnt, daß sie gelebt werden. Und sie sind wichtig und schön, auch wenn dabei eine tiefe Traurigkeit nach oben kommen sollte, eine zitternde Angst oder eine lähmende Ratlosigkeit. Sie sind die Augenblicke, in denen zwischen Menschen wirklich etwas geschieht.

Wenn aber jemand anfängt, beim Namen zu nennen, was für ihn wichtig ist, dann spricht man unter Christen von einem Bekenntnis. Wenn jemand die Türen und Fenster seiner Seele aufstößt und den Augen eines anderen zu sehen erlaubt, was wirklich in ihm ist, hinter allen Masken und Fassaden, dann spricht man unter Christen davon, er »offenbare« sich. Unter Christen gelten solche Bekenntnisse und Offenbarungen als lebensnotwendig. Sie können ein Zeichen dafür sein, daß ein Mensch mit sich selbst ins reine kommen will, mit den anderen und mit dem Dasein, in dem er steht.

Und so gehört es auch zu den festlichen Augenblicken, wenn in einem Gottesdienst eine versammelte Gemeinde aufsteht und gemeinsam aussagt, wovon sie lebt, was sie glaubt, worauf sie hofft, wofür sie dankt und was sie mit den Liebeskräften, die in ihr sind, tun will. Wenn sie zum Beispiel sagt: »Wir glauben an Gott Vater, den Allmächtigen, den Schöpfer Himmels und der Erde. Wir glauben an Jesus Christus, unseren Herrn und Bruder. Wir glauben an den Heiligen Geist, also an die Kraft Gottes, die bei uns und in uns ist.« Die entscheidende und bange Frage freilich bleibt, ob das, was sie ausspricht, wirklich das ist, was auch jeder mit seinen eigenen Worten ungefähr so sagen würde, oder ob, was gemeinsam gesprochen wird, aufgesetzt ist durch eine Konvention, durch eine Sitte, durch eine Liturgie. Ob also die, die so mitsprechen, die Wahrheit ausdrücken, von der sie überzeugt sind, oder ob sie eben einer Form genügen.

Wenn es sich aber so verhält, daß sie nichts mehr sagen, was aus ihnen selbst kommt, wenn es nicht mehr die Wahrheit ist, die für sie gilt, dann gerät etwas Kostbares in Gefahr. Dann ist es höchste Zeit zu fragen, was denn eigentlich gesagt werden müßte, damit Wahrheit im Spiel wäre.

Das aber ist eine der dringenden Fragen, die heute an Christen, an Gemeinden, an Kirchen zu richten sind. Ist das, was wir unser »Glaubensbekenntnis« nennen, wirklich noch ein Bekenntnis dessen, was wir glauben? Und was wäre, wenn es heute mehr Christen gäbe, die sich an ihm stoßen, als die es willig mitsprechen? Was für Worte könnten wir finden, mit denen mehr Menschen als bisher so eins sein könnten, daß sie sagen würden: Ja, das ist es! Davon lebe ich. Darauf gehe ich zu. Das verbindet mich mit den anderen, die mit mir so sprechen. Es ist Zeit, daß wir uns gründlich Rechenschaft geben.

Unser »apostolisches Glaubensbekenntnis« entstand um 150 nach Christus in Rom. Um 200 hatte es seine heutige Form. Es wäre interessant, den Umständen nachzugehen, unter denen es formuliert worden ist, von den Menschen zu wissen, die es zuerst gesprochen haben, und der Weise,

11

wie es sich allmählich in den Kirchen durchgesetzt hat. Aber man möge mir nachsehen: Ich rede nicht als Historiker, der solche Hintergründe aufdeckt. Ich rede diesmal auch nicht als Erklärer, der zeigt, was hinter den alten Worten an Weisheit steht. Ich rede auch nicht als Kirchenpolitiker, der sagt, was wünschenswert oder was in den Kirchen dieser Erde durchsetzbar wäre. Ich rede nur von der Art und Weise, in der normale Menschen von heute dem begegnen, was ihnen ihre Kirche vorsagt oder vorschreibt und was sie nachsprechen sollen. Ich rede von den Schwierigkeiten, die sie damit haben, und von den Hindernissen, die unsere Kirche noch immer mit der alten Formel für sie aufbaut. Man möge mir nachsehen: Ich bin mein Leben lang auf der Seite derer gewesen, die mit dem Christentum, wie es in den heutigen Kirchen gelehrt und gelebt wird, nicht zurechtkamen, auf der Seite der Nichtverstehenden, der Suchenden, der Abgestoßenen, und ich möchte auch in dieser Sache auf ihrer Seite bleiben. Ich habe mich immer als Anwalt derer verstanden, die unter den Lasten, die man ihnen auferlegte, mühselig und beladen lebten. Lasten aber sind, jedenfalls nach Jesus, dazu da, abgenommen zu werden.

Ich weiß natürlich, daß man gegen alles, was ich hier sage, auch Einwände erheben kann. Das ist nun einmal überall so, wo wir Menschen mit unseren schmalen geistigen Möglichkeiten uns dem Geheimnis Gottes zu nähern versuchen. Es werden immer Reste und Ungereimtheiten bleiben. Aber das Evangelium hat doch auch einige helle und starke Lichter, die uns aufgehen können. Und ihnen möchte ich nachgehen.

2

Wir hören heute viele neue Glaubensbekenntnisse

Seit etwa dreißig Jahren machen wir eine eigentümliche und in der Geschichte der Kirche neue Beobachtung: die nämlich, daß überall im Land neue Texte geschrieben werden, die einem Glaubensbekenntnis ähnlich sind oder an die Stelle des alten kirchlichen Glaubensbekenntnisses treten sollen. In einzelnen Gemeinden werden sie formuliert, aus Gesprächen in Jugendgruppen gehen sie hervor. In der Stille einsamer Studierstuben schreibt einer nieder, was seinen Glauben ausmacht und was er den anderen gegenüber vertreten will. In der lebendigsten Zeit der Kirche seit dem Krieg, in den sechziger Jahren, entstanden so Hunderte von neuen Glaubensbekenntnissen, und bis heute setzen sich die Versuche fort.

Die Urheber schauen dabei in sehr verschiedene Richtungen. Die einen wollen nur eben ihrer persönlichen Frömmigkeit Ausdruck geben, andere versuchen auszuscheiden, was nach ihrer Meinung heute nicht mehr geglaubt werden kann, dritte wollen der politischen Apathie der Kirchen widerstehen, und je nach der Richtung, in der sie sprechen, fallen ihre Versuche sehr unterschiedlich aus.

Seit den sechziger Jahren, während wir Europäer den Menschen der Länder, die wir die Dritte Welt nennen, in zunehmender Dichte begegnet sind, setzte sich die Erkenntnis durch, es beherrsche eine grundlegende Ungerechtigkeit die internationale Szene. Und so entstanden Glaubensbekenntnisse, die in leidenschaftlichen Formulierungen das Wort »Gerechtigkeit« aufgriffen.

Im Zusammenhang mit der ökologischen Bewegung seit den siebziger Jahren entstanden Bekenntnisse, die deutlicher als der erste Glaubensartikel des Apostolikums davon redeten, die Welt sei das Eigentum Gottes und nicht des Menschen. Der Mensch sei nicht der Herr der Schöpfung, sondern ein Teil von ihr, und was er in ihr tue, dafür trage er eine präzise Verantwortung.

In den Camps der Friedensbewegung der achtziger Jahre entstanden Bekenntnisse, die den von Jesus gemeinten Frieden zum Thema hatten. Und neu war daran zumindest dies, daß man erkannte, Bekennen bringe ein Risiko mit sich, Bekennen erfordere Mut auch gegenüber einer überlegenen Staatsmacht, und das Nachsprechen von Glaubensbekenntnissen habe unmittelbar überzugehen in einen Versuch des Nachfolgens, wo immer der Wille Gottes erkennbar wird.

Aus den unterschiedlichsten Situationen der letzten dreißig Jahre entstanden so bestimmte Glaubensbekenntnisse, und es ist heute schon fast üblich, sie etwa bei Taufen anstelle des Apostolikums zu sprechen, bei Abendmahlsfeiern, in Sonntagsgottesdiensten, auf Freizeiten oder auf Großveranstaltungen wie etwa Kirchentagen. Und ihr Sinn ist immer der, zu zeigen, was in unserer Zeit gesagt werden müsse, wenn es darum gehen soll, einen eigenen und heutigen Glauben zu bekennen und nicht die Worte von Menschen einer früheren Epoche zu wiederholen.

Viele davon können, von ihrer Entstehungssituation abgesehen und außerhalb der Gruppe, in der sie formuliert worden sind, nicht recht befriedigen. Andere reden gültig, sprachlich ausdrucksstark und überzeugend, und zwar von katholischen Autoren geschriebene ebenso wie von evangelischen. Sie sagen zum Teil ungleich deutlicher aus, was christlicher Glaube sei, als die uns überlieferten altkirchlichen Bekenntnisse, sie deuten oft konkreter, genauer und hilfreicher, was den Glauben heutiger Christen ausmacht. Und das ist doch gewiß: Es genügt nicht, den christlichen Glauben durch Wiederholung und immer neue Wiederholung für unsere Zeit mühsam aktuell zu halten, es muß hinzukommen, daß der Glaube an Christus durch uns eine heutige Gestalt findet, wie sie diese Zeit und wie sie unsere eigene Überzeugung erfordern.

Wir beobachten heute freilich auch etwas anderes, nämlich dies, daß keines dieser Glaubensbekenntnisse sich in diesen dreißig Jahren durchsetzen konnte. Alle galten und gelten sie für einen kleinen Umkreis innerhalb der Christenheit. Alle galten und gelten sie für eine kurze Zeit, eine einmalige Gelegenheit oder eine seltene Wiederholung. Keines ist von irgendeiner einzelnen Kirche anerkannt worden. Keines gilt heute als verbindlich.

Was aber hinter allen diesen Versuchen steht, ist ein tiefgehendes Unbehagen am alten apostolischen Glaubensbekenntnis. Ein Unbehagen, das auch mich selbst jedesmal überfällt, wenn Familien, die vom christlichen Glauben so gut wie nichts wissen, ihre Kinder zur Taufe bringen und dort einen Text hören oder gar mitsprechen sollen, den ihnen zu erklären ich eine ganze Reihe von Stunden nötig hätte. Ein Unbehagen, das mich erfüllt in jedem Gottesdienst, in dem das Apostolikum gesprochen wird und in dem die Teilnehmenden bei ihrem sehr unterschiedlichen Glaubensstand regelmäßig im unklaren darüber gelassen werden, ob denn nun nur der zur christlichen Kirche gehöre, der alle Aussagen dieser Formel mitvollziehen und bejahen könne. Ob also das, was sie selbst glauben, ausreiche, um als redliche Christen zu gelten, oder umgekehrt, ob diese rund zwölf Punkte wirklich das aussagen, was am christlichen Glauben zum Leben und zum Sterben nötig sei. Das Unbehagen am Apostolikum reicht dabei tief auch in den inneren Kreis unserer Gemeinden hinein, in die engagierten Gruppen, tief auch in das Nachdenken unzähliger Pfarrer, die dies ihren Gemeinden vorsagen oder zum gemeinsamen Sprechen zumuten sollen.

Da sagen wir also:

> Ich glaube an Gott,
> den Vater, den Allmächtigen,
> den Schöpfer des Himmels und der Erde,
>
> und an Jesus Christus,
> seinen eingeborenen Sohn,
> unsern Herrn,
> empfangen durch den Heiligen Geist,
> geboren von der Jungfrau Maria,
> gelitten unter Pontius Pilatus,
> gekreuzigt, gestorben und begraben,
> hinabgestiegen in das Reich des Todes,
> am dritten Tage auferstanden von den Toten,
> aufgefahren in den Himmel;
> er sitzt zur Rechten Gottes,
> des allmächtigen Vaters,
> von dort wird er kommen, zu richten
> die Lebenden und die Toten.
>
> Ich glaube an den Heiligen Geist,
> die heilige christliche Kirche,
> Gemeinschaft der Heiligen,
> Vergebung der Sünden,
> Auferstehung der Toten
> und das ewige Leben.

Ich weiß, daß dieses Bekenntnis vielen unter uns nach wie vor kostbar ist, ein wertvolles Gut unserer Kultur, unserer kirchlichen Tradition und vielen noch immer ein Ausdruck ihres Glaubens. Und es gibt gute Gründe, Güter unserer Geschichte wie dieses sehr sorgsam zu schützen. Wegwerfen ist schnell getan, etwas Neues an die Stelle setzen ist schwierig und vielleicht gar nicht zu leisten.

Auf der anderen Seite sollen solche Güter der Tradition den Menschen einer gewandelten Zeit dienen, und es ist ebenso sorgsam zu fragen, ob sie noch zu ihnen sprechen, oder ob sie stumm geworden sind. Ob, was sie sagen, noch verstanden werden kann und ob der Reichtum der ursprünglich in ihnen verborgenen Gedanken sich noch öffnet. Ob die Bilder und Symbole, die sie bewahren, den Geist und die Seele der Menschen noch erreichen, oder ob der Abstand inzwischen unüberbrückbar geworden ist. Wenn aber nichts mehr herüberkommt von der ursprünglichen Kraft und Aussage, dann wird man entweder in veränderte Worte fassen müssen, was nach der langen Zeit mißverständlich oder fremd geworden ist, oder man wird sie als ganze in die Schatzkammer der Überlieferung zurücknehmen und für die Menschen dieser Zeit einen neuen und andersartigen und ihrem Verstehen zugänglichen Wortlaut formulieren müssen.

Dabei gehöre ich durchaus nicht zu den Leuten, wie sie auch in diesen Tagen wieder auftreten, die sagen: Dieses Glaubensbekenntnis ist doch eine einzige Märchenstunde! Weder ist Christus vom Geist Gottes empfangen noch von der Jungfrau geboren, noch ist er ins Totenreich abgestiegen, noch auferstanden, noch zum Himmel gefahren, noch sitzt er zur Rechten Gottes, noch wird er wiederkommen, zu richten die Lebenden und die Toten. Natürlich ist auch die Kirche nicht heilig, und natürlich ist mit dem Tode alles aus. Was sich da als christlicher Glaube darstellt, ist nicht meine Sache. Ich halte es für gut und wichtig, daß die Kirche über die regelmäßig wiederkehrenden »wissenschaftlichen« Wellen von Kritik und Auflösung des Glaubens hinüber auch die Dinge bewahrt, zu deren Verstehen ein wenig Geduld und Mühe gehören. Aber ich frage mich, ob wir nicht von Menschen dieser Zeit sehr häufig einfach zu viel dieser Geduld und Mühe erwarten und ob wir sie nicht an den falschen Stellen einfordern.

In den fast fünfzig Jahren, die ich nun in unserer Kirche mitarbeite, fand ich mich immer in zwei verschiedenen Rollen. In der einen bin ich ein Pfarrer, und mein Platz im Gottesdienst ist der am Altar, am Taufstein oder auf der Kanzel. In der anderen bin ich das Glied einer Gemeinde wie jeder andere, und mein Platz ist ebensooft der irgendwo in den Kirchenbänken, und ich höre zu und feiere mit. Es war mir dabei von jeher wichtig, mich in beide Rollen ganz einzubringen.

Wenn ich so in einer Gemeinde stehe und wir miteinander das apostolische Glaubensbekenntnis sprechen, was geschieht dann in den Menschen rechts und links in den Kirchenbänken? Was drücken sie damit aus? Manche unter ihnen sprechen es willig mit, weil es zu den ehrwürdigen Schätzen unserer Kirche gehört. Manche sprechen es, weil es sie nun durch ein langes Leben begleitet hat und weil sie, ohne darüber nachzudenken, warum, empfinden, es gehöre wohl einfach zu einem vollständigen Gottesdienst. Andere sind gespalten. Sie bejahen den einen Satz, etwa den vom Schöpfer Himmels und der Erde, und wissen mit dem anderen, etwa dem von der Jungfrauengeburt, nichts anzufangen. Wieder andere suchen ihren Ärger darüber, daß sie fortwährend an etwas gebunden sein sollen, das ihnen fremd ist, sich nicht anmerken zu lassen und überstehen die Zeit, während sie es mitsprechen, mit innerer und äußerer Disziplin. Und noch einmal andere sagen sich in der Stille, daß, wenn dies das Verbindende unter den Christen sei und das, was die Kirche ausmache, sie wohl außerhalb ihrer Grenzen stünden. Und dieses stille oder laute Weggehen und Abschiednehmen währt nun schon an die hundert Jahre, seit jenem berühmten Apostolikumstreit, der damals die Berliner Kirche zerriß. Denn viele haben so lange eingestimmt, ohne wirklich zustimmen zu können, daß sie am Ende verstimmt weggehen und ihre Stimme und Mitgliedschaft zurückgeben.

Ab wann ist man denn ein rechter Christ? Gott, der Schöpfer. Ja, das kann hingehen. Jesus Christus, der Sohn Gottes, das ist schon schwieriger. Seine Herkunft aus dem Geist. Die Jungfrauschaft der Maria. Das wird immer merkwürdiger. Nach dem Leiden und Sterben, das man durchaus glauben will, kommen die Höllenfahrt und die Auferstehung. Wenn aber die Himmelfahrt nicht auch noch dazukommt, dann fehlt etwas. Und dann kommt noch das gefährliche Bild vom göttlichen Richter und von seinem Wiedererscheinen am Ende der Zeit. Aber selbst wenn dies alles hingenommen wird, fehlt es noch immer an allen Enden. Dann kommt noch der Heilige Geist, unter dem man sich so schwer etwas vorstellen kann, die heilige Kirche, von der doch angesichts ihrer banalen Wirklichkeit niemand weiß, wo sie sich aufhält, die Gemeinschaft der Heiligen, zu der man doch sicher nicht gehört. Und dann der versöhnliche Schluß, wo die Dinge stehen, die man gerne glauben möchte: die Vergebung der Sünden, die Auferstehung der Toten und das ewige Leben.
Ich sage nicht, das Apostolikum sei falsch. Ich sage nicht, es sei überholt. Für mich selbst hat es nach wie vor einen ehrwürdigen, einen starken Klang und Wortlaut. Ich kann mir unter den einzelnen Punkten durchaus etwas vorstel-

len, das mich angeht. Aber unsere Kirche besteht nicht aus Menschen, die in der Geschichte leben, von der dieser alte Text geprägt ist. Und mir ist sicher, daß wir in dem, was wir da bekennen, nicht mehr zu Hause sind. Mir ist auch gewiß, daß wir mit diesem alten Glaubensbekenntnis im 21. Jahrhundert noch fremder stehen werden als im zwanzigsten. Wenn es aber die neuen Versuche nicht sein sollten, die auf die Dauer gemeinsamer Besitz der Kirchen werden und sie verbinden könnten von einem Ende der Erde bis zum anderen, was sollen wir dann tun? Ist die Zeit vorformulierter Bekenntnisse vielleicht überhaupt zu Ende? Und was dann?

3

Das Unbehagen am Apostolikum ist berechtigt

Fangen wir an:

»Ich glaube an Gott, den Vater, den Allmächtigen...«

»Hier stock ich schon. Wer hilft mir weiter fort?« könnte ich mit Faust fragen. Was ist das Entscheidende, das ich von Gott wissen muß? Nach dem, was ich von Jesus höre, ist es in der Tat dies, daß ich ihn anreden soll und darf als »Vater«. Aber daß er allmächtig ist? Ist das das Unterscheidende am christlichen Glauben und das so sehr, daß es zweimal in diesem Bekenntnis gesagt wird? Haben das nicht Unzählige gesagt, die ohne Christus auf irgendeine Art an einen Gott glaubten? Das Evangelium sagt uns aber, daß der allmächtige Gott ein barmherziger Gott ist, und das ist doch wohl das unterscheidend Christliche. Sollten wir also nicht besser sagen: »Ich glaube an Gott, den Vater, den Barmherzigen, den Gütigen oder den, der mich zu sich einlädt«, und würde das dem Gottesbild Jesu nicht mehr entsprechen? Denn Jesus sagt, Gott sei der Liebende, der Tröstende. Wenn aber Gott zur Liebe fähig ist, dann verliert das Wort »allmächtig« viel von seiner einseitigen Bedeutung. Denn dann leidet er mit dem, der leidet. Dann leidet er unter dem, was in seiner Welt geschieht, und räumt nicht auf mit dem Bösen, dem Absurden, dem Finsteren. Ein barmherziger Gott, und nur er, hat die Fähigkeit zu trösten. Ich möchte also die kleine Korrektur im ersten Artikel anbringen, daß ich sage: »Ich glaube an Gott, den Vater, den Allmächtigen und Barmherzigen.« Das ist ein Widerspruch, der sich schwer auflösen läßt, ich weiß. Aber solche Widersprüche entstehen immer, wo wir Menschen mit unserem begrenzten Denkvermögen uns dem Heiligen nähern, dem Geheimnis Gottes und auch dem letzten Geheimnis unseres eigenen Lebens.

»...den Schöpfer des Himmels und der Erde«

So zu sprechen scheint mir gut und richtig, sofern einer weiß, was mit dem »Himmel« gemeint ist. Der ist ja nicht das »blaue Himmelszelt« oder der »Sternhimmel« oder das Universum in seinen unzähligen Dimensionen. »Himmel« ist ein Wort für Gottes Unzugänglichkeit, für den Ort seiner Gegenwart, an dem ich ihn gleichwohl nicht aufzuweisen oder vorzuzeigen vermag. »Himmel« ist die uns Menschen abgekehrte Seite der Wirklichkeit, die mir so nahe ist wie meine eigene Hand oder mein eigenes Auge, die zweite Wirklichkeit in der ersten, die die meinige umgibt und durchdringt, die aber meinem Fassen und Verstehen abgekehrt ist. Diese sichtbare Erde, dieses sichtbare Universum und die verborgene, uns abgewandte Seite der Wirklichkeit hat Gott geschaffen, das ist wahr.

Was mir freilich am ersten Glaubensartikel zu fehlen scheint, ist ein Wort darüber, was das für mich bedeutet, was es an meiner Beziehung zu dieser meiner Welt verändert. Denn die neuzeitliche Christenheit hat sich ebenso wie die europäische Menschheit sonst als den Herrn dieser Welt, den Herrn der Natur, den Herrn über Pflanze, Tier und Elemente angesehen. Sie ging bislang mit der Erde ebenso zerstörerisch und ausbeuterisch um wie alle vom Geist Europas und Amerikas geprägten und von ihrer Macht berauschten Völker. Niemand kam bislang ernsthaft auf die Idee, jedenfalls nicht bis in die letzten zwanzig Jahre herein, zu fragen, ob uns die Erde, die wir ausbeuten, überhaupt gehöre. Wenn wir aber den Gott glauben und bekennen, der sie geschaffen hat und weiterhin durchwirkt, dann ist sie sein Eigentum und nicht das unsere, und wir können unmöglich ihre hemmungs- und verantwortungslosen Verbraucher sein. Es trifft einfach zu, daß aus dem christlichen Herren- und Erwählungsbewußtsein, wie es sich in der Neuzeit herausgebildet hat, sowohl die großartige wissenschaftliche Erforschung der Erde als auch ihre Zerstörung hervorgegangen ist. Wenn ich also den ersten Glaubensartikel gutheißen sollte, müßte er mit einem noch so kurzen Satz andeuten, zu welcher Haltung und Lebensweise mich die Tatsache, daß die Erde Gottes Erde ist, verpflichtet. Bisher hat er das nicht vermocht.

»Ich glaube an Jesus, den Christus«

das heißt den »Gesalbten Gottes«, den von Gott eingesetzten Bevollmächtigten, der für mich an der Stelle Gottes steht und an seiner Stelle zu mir spricht. Denn das meint das Wort »Christus«.

»...den eingeborenen Sohn Gottes, unseren Herrn«

Über die ursprüngliche Bedeutung und den Sinn der Würdebezeichnung »Sohn Gottes« wäre viel zu sagen. Es würde den Raum dieser Betrachtung sprengen. Vielleicht wäre es schon hilfreich, es würde außer dieser Bezeichnung auch gesagt, »unseren Bruder« und nicht nur »unseren Herrn«. Übergehen wir das.

Aber nun folgt in diesem zweiten Artikel vor allem seine übernatürliche Biographie. Er kommt aus dem Geist Gottes, er wird von einer Jungfrau empfangen und geboren, er wird an den beiden letzten Tagen seines Lebens von den Menschen mißhandelt und gekreuzigt, er stirbt und wird begraben. Er steht am dritten Tag auf von den Toten, er fährt auf zum Himmel, sitzt nun dort zur Rechten Gottes, der wieder als der Allmächtige bezeichnet wird, und wird am Ende der Zeit wiederkommen, zu richten die Lebenden und die Toten.

Aber dabei geschieht nun etwas sehr Entscheidendes und sehr Fragwürdiges. Hier fehlt alles, was Jesus im Lauf seines Lebens gesagt und getan hat. Der Grund ist der, daß für die Kirche des 2. bis 4. Jahrhunderts wichtig war, sich gegen die jüdische Tradition abzusetzen, daß also der jüdische Jesus nicht allzu sehr in Erscheinung treten durfte. Also redete man nicht von Jesus, dem Meister, oder von Jesus, dem Bruder, sondern nur von dem himmlischen Christus, seiner übernatürlichen Herkunft, seinem Tod auf der Erde und seiner Rückkehr zu Gott. Und ich finde es sehr gefährlich, daß diese Lücke im Glaubensbekenntnis bis heute klafft.

In der Tat: Wo bleibt bei all dem Jesus von Nazaret? Wo alles, was er in Galiläa den Menschen gesagt und gebracht hat? Wo bleibt das Evangelium vom Reich Gottes? Wo das Evangelium für die Armen, die Leidenden, die schuldbeladenen Menschen? Das Evangelium ist es doch, das wir hören, wenn wir mit Jesus zu tun bekommen! Das Evangelium, das von der Entlastung der Beladenen redet, von der Heilung der Zerrissenen, der Befreiung der Gebundenen, der Ermutigung der Verzagten, der Befähigung der Hilflosen. Ist das alles nichts, das es zu bekennen gelten könnte? Oder ist nicht gerade dies das Evangelium, auf das alles ankommt und das uns veranlassen kann, Jesus Christus »unseren Herrn« zu nennen?

War denn Jesus, der so Übergangene, für die Verfasser unseres apostolischen Glaubensbekenntnisses ein wirklicher Mensch? Oder war er ein Himmelswesen, das sich in die Erscheinung eines Menschen nur verkleidet hat? Liegt dies alles nicht sehr nahe am späteren Bekenntnis von Nicäa, das Jesus Christus preist als

>>Gott von Gott, Licht von Licht,
wahrhaftigen Gott vom wahrhaftigen Gotte,
(von Gott) geboren, nicht geschaffen
(wie alle anderen Geschöpfe),
eines Wesens mit dem Vater ...«

Was hat das alles mit dem Rabbi aus Nazaret zu tun? Hat der sich so verstanden? Sahen ihn die Menschen seiner Zeit so, wenn sie ihn »Herr« oder »Meister« nannten? Gibt es gar keine andere Möglichkeit, in seiner Stimme die Stimme Gottes zu hören, als durch solche himmelhohen Preisungen?

Ein Schritt zur Seite sei erlaubt. Wollte ich über Napoleon sagen, was er für die Geschichte Europas bedeutet und bewirkt hat, und würde es im Stil unseres Glaubensbekenntnisses tun, dann könnte ich über seinen weltgeschichtlichen Rang etwa so berichten:

>>Geboren in Korsika als Kind einfacher Leute; von den Siegermächten 1815 nach St. Helena verbannt und dort vermutlich ermordet.«

Daß dies nicht nur zuwenig ist, sondern daß es vor allem entscheidend Wichtiges verschweigt, sollte uns an unserem Glaubensbekenntnis endlich stören.

Ich lese weiter:

»...empfangen vom heiligen Geist, geboren von der Jungfrau Maria«

Bei diesen beiden Sätzen fällt mir zweierlei ein. Als ich studierte, lehrten mich unsere Professoren, und zwar keineswegs nur die »linken« oder die liberalen, diese beiden Gedanken beruhten auf legendären Ausschmückungen der biblischen Weihnachtsgeschichte und müßten heute endgültig ad acta gelegt werden. Wenn ich aber die gedankenreichen Meditationen von Romano Guardini daneben hörte, dann ging mir auf, daß in diesen scheinbar bizarren Vorstellungen unerhört große und wichtige Symbole verborgen sind. Was gilt nun? Oder liegt in beidem eine Wahrheit?

Vor nun fast dreißig Jahren schrieb mir einmal eine Konfirmandenklasse einen Brief:

»Sehr geehrter Herr Zink! Sie haben die Bibel übersetzt. Können Sie nicht auch das Glaubensbekenntnis übersetzen? Wir verstehen es nicht. Damit Sie sehen, was wir meinen, haben wir selbst einen Versuch gemacht. Wir legen ihn unserem Brief bei. Herzliche Grüße.« Danach folgten etwa zwanzig Unterschriften.

Das Glaubensbekenntnis, das beigelegt war, war gewiß nicht vollständig, aber es füllte genau die Lücke aus, die im Apostolikum klafft:

»... Ich glaube an Jesus Christus.
Ich glaube, daß er mein Vorbild ist,
denn er zeigt mir, wie ich werden soll.
Ich glaube, daß er mein Bruder ist,
denn er war ein Mensch wie ich.

Ich glaube, daß er mein Meister ist,
denn er sagt mir, was ich tun soll.
Ich glaube, daß er mein Arzt ist,
denn er macht mich heil.«

Die Kinder müssen einen guten Konfirmandenunterricht
genossen haben, um zu solchen Sätzen fähig zu sein. Dennoch – trotz eines guten Unterrichts – sagen sie, sie könnten das Glaubensbekenntnis nicht verstehen. Wie lange
will unsere Kirche die Theologengeheimsprache des 2.–5.
Jahrhunderts hüten, statt zu sagen, was Menschen, zumal
Kinder von einigermaßen gutem Willen heute verstehen
und bejahen können?

Man könnte nun durchaus das Bekenntnis dieser Kinder
vervollständigen, indem man etwa anfügte:

»Ich glaube, daß er mein Erlöser ist,
denn er macht mich frei von mir selbst.
Ich glaube, daß er mir Gott zeigt,
denn er sagt mir, ich sei sein Kind.
Ich glaube, daß er mein Ziel ist,
denn er zeigt mir den Sinn meines Lebens.
Ich glaube, daß er meine Zukunft ist,
denn wie Jesus werde ich auferstehen aus dem Tod«
oder ähnlich.

Aber gehen wir weiter:

»...der gelitten hat unter Pontius Pilatus, gekreuzigt, gestorben und begraben«

Nach der großen Pause, in der das Leben und das Werk
Jesu verschwiegen werden, redet der zweite Artikel davon,
Jesus habe gelitten und sei gekreuzigt worden, er sei gestor-

ben und begraben worden. Inwiefern dieses Sterben etwas Besonderes sei, etwas, das zu unserem Heil geschehen ist, wird nicht gesagt. Wie das Lebenswerk des Mannes aus Nazaret verschwiegen wird, so auch der Sinn seines Sterbens.

»...hinabgestiegen in das Reich des Todes«

Abgesehen davon, daß darüber im Neuen Testament nur in Andeutungen geredet wird, bleibt völlig unklar, was er dort getan habe. Unklar bleibt auch, ob nun die Hölle gemeint ist oder das Totenreich oder überhaupt nur der Tod selbst.

»Er ist hingegangen
und hat den Geistern im Gefängnis gepredigt«,

steht 1. Petrus 3, 19 zu lesen. Aber wenn Jesus ihnen gepredigt hat, dann müssen sie wohl gehört haben. Dann müssen sie wohl gelebt haben. Leben die Toten im Reich der Toten? Die sparsame und unklare Notiz des 1. Petrusbriefs mag so stehenbleiben als ein rätselhafter Hinweis auf das Geheimnis seines Todes, aber sie eignet sich ganz sicher nicht für das allsonntägliche Bekenntnis einer Gemeinde. Oder bedeutet »hinabgestiegen in das Reich des Todes« einfach nur, er sei gestorben? Dann ist diese Wiederholung entbehrlich.

»...am dritten Tage wieder auferstanden von den Toten«

Gott sei Dank, endlich ein Satz, den zu bekennen ein Ausdruck christlichen Glaubens ist, Ausdruck einer christlichen Gewißheit und Hoffnung. Aber wiederum: Dieser Satz steht so da, als gehe er uns nur als ein Ereignis vor urlanger Zeit etwas an. Als habe er mit unserer eigenen Auferstehung keinen Zusammenhang.

»Christus ist auferstanden als Erstling der Gestorbenen«, sagt Paulus in 1. Korinther 15,20. Das also wäre doch zu bekennen, daß uns allen, nach ihm und durch ihn, der Weg offenstehe in die Auferstehung! Das Glaubensbekenntnis sagt am Ende des dritten Artikels, wir glaubten an die Auferstehung der Toten und ein ewiges Leben. Warum sagt es das nicht im Zusammenhang mit der Auferstehung des Christus? Dort hat unsere Hoffnung doch wohl ihre Begründung.

»...aufgefahren in den Himmel«

Das wird als Tatsache genannt ohne Rücksicht darauf, ob, wie schon gesagt, ein heutiger Mensch sich unter »Himmel« irgend etwas Angemessenes vorstellen könne. Himmel, so sagte ich, ist die uns abgekehrte Seite der Wirklichkeit mitten in unserer Wirklichkeit. Himmel ist also die kosmische Nähe einer uns unzugänglichen Gegenwart Gottes.

Wir sagen also, wenn wir von »Himmelfahrt« reden, etwas über unsere Welt. Wir sagen: Was es bedeutet, daß Gott die Welt geschaffen habe und erhalte, das lassen wir uns von Jesus sagen. Es ist wichtig auch für unsere Einstellung gegenüber der Schöpfung, der Natur, der Erde. »Himmelfahrt« könnte so verstanden werden, als habe Jesus sich aus der Welt verabschiedet. Sie sagt aber gerade das Gegenteil: Er tritt uns auch dort entgegen, wo wir uns der Schöpfung zuwenden und unserem eigenen Schicksal und dabei wissen, daß hinter allem eine uns unzugängliche Wirklichkeit ist.

Weiter:

»...er sitzt zur Rechten Gottes«

Wo ist bitte die rechte Seite Gottes? Und sitzt Gott irgendwo im Weltraum? Wenn man einmal begriffen hat, daß zur

»Rechten» eines antiken Königs der Platz seines bevollmächtigten Stellvertreters war nach Art etwa eines Großwesirs, dann weiß man, daß dieses »Sitzen zur Rechten Gottes« ein Gleichnis ist. Gleichnisse sagen mit Hilfe eines Bildes aus der Erfahrungswelt des Menschen etwas aus, das für den Menschen unanschaulich ist, um zu deuten, was das ausgesagte Unanschauliche sei. Wenn Jesus das Reich Gottes mit dem Aufgehen eines Sauerteigs in einer Teigschüssel vergleicht, sagt er keineswegs, das Reich Gottes sehe aus wie eine Schüssel voll Teig. So ist der Sinn dieses Satzes vom Sitzen zur Rechten Gottes der, Jesus Christus sei bleibend zuständig für uns, wenn es um unsere Wege zu Gott geht, um unser Nachdenken über Gott. Er behalte seinen Rang als Bevollmächtigter Gottes auch für alle Zukunft. Wird aber das Wort so verstanden, als sei ein wirkliches »Sitzen neben dem Vater« auf himmlischen Thronen gemeint, so führt es mehr Menschen in die Irre als in die Wahrheit.

»...von dort wird er kommen, zu richten die Lebenden und die Toten«

Kein Zweifel, das Ende unseres Lebens und das Ende der Menschengeschichte werden ein Gericht bringen – (Vorsicht! Auch das Bild vom Gericht ist ein Gleichnis, genommen aus der Rechtspflege von Völkern auf dieser Erde!) –, und Christus wird das Maß sein, an dem gemessen wird, was Bestand hat und was nicht. Der Ernst, mit dem das Bild vom Gericht vor unser aller Augen steht, gehört zu den Grundelementen des christlichen Glaubens. Aber es wäre doch auch denkbar, daß ein Bekenntnis dieser Art nicht als massive Drohung an den Horizont der Welt gemalt würde, daß es vielmehr sagte, es gebe einen Weg durch das Gericht hindurch! Daß wir zum Beispiel bekennen dürften, zu unsrem Glück und Heil, wir würden »nicht ins Gericht kommen« (Johannes 5,24), oder wir hätten »Zuversicht am Tag des Gerichts« (1. Johannes 4,17). So wäre, jedenfalls für die, die ein solches Bekenntnis miteinander sprechen, die Drohung durch das Gericht, das Unzähligen bis heute das Leben verdüstert, überwunden und das Evangelium von der Heimkehr hätte wieder das erste und letzte Wort.

»Ich glaube an den Heiligen Geist...«

Damit sage ich: Ich glaube an die schöpferische, gestaltende Kraft und Weisheit, aus der unser Universum hervorgegangen ist, die mir aber auch begegnet in den Stimmen und den Gestalten von Propheten und begnadeten Verkündern, von Inspirierten und Begeisterten und Liebenden. Wie sie mir begegnet in meiner eigenen, unbegreiflichen Zuversicht. Wie sie mir begegnen wird, wenn Gott die Welt neu schafft, wenn er mich selbst neu schaffen wird zu einem Bewohner seines Reichs. Das alles ist unentbehrlich. Es ist sogar, nachdem in unserer Kirche vom Heiligen Geist durch lange Jahrzehnte kaum geredet worden ist, etwas von dem, was für unsere Zeit und die künftige von besonderem Gewicht ist und stärker betont werden muß als bisher. Im Vertrauen auf diese schaffende, Menschen erfüllende und befähigende Kraft Gottes hat es Sinn, weiterzusprechen und zu sagen:

»die heilige, allgemeine, christliche Kirche«

Denn gegen allen Augenschein, gegen die Langweiligkeit, Verhocktheit und Furchtsamkeit unserer Kirche glauben wir an den Geist Gottes, der in ihr am Werk ist. Da aber den meisten Menschen zwar die Kirche bekannt ist, aber unverständlich, weshalb wir von einer »heiligen« Kirche reden, sollte deutlich werden, daß diese Kirche ihren Auftrag vom Heiligen Gott hat, daß sie also vom Heiligen Geist redet und daher ihre Heiligkeit hat.

»... Gemeinschaft der Heiligen«

Wer ist das? Sind das die Heiligen des Kalenders, die katholische Christen anrufen in dem Glauben, sie träten für sie vor Gott ein? Nein. Wenn von Heiligen geredet wird, dann muß gesagt werden – und sei es noch so hart gegen den Augenschein –, daß die Heiligen wir sind, die Gemeinde, die irgendwo und irgendwann zusammenkommt vor dem heiligen Gott. Warum aber unterscheidet das Apostolikum überhaupt zwischen einer heiligen Kirche und einer Gemeinschaft der Heiligen? Was ist denn und aus wem besteht die »heilige Kirche«? »Was die Kirche sei«, sagt Luther, »das weiß zum Glück ein Kind von sieben Jahren: nämlich die Schäflein, die ihres Hirten Stimme hören.« Das aber sind die Heiligen. Droht hier nicht schon aus den Anfängen der Kirche im 2. Jahrhundert die Abspaltung einer Kirche als Institution, die als solche schon heilig sei mit ihrer Organisation, mit ihren leitenden Versammlungen, ihrem Kirchenrecht, ihren Kirchenleitungen und Amtsträgern von der Gemeinde der einfachen Menschen, die in ihr unterkommen? Haben wir nicht mit diesem gesonderten Glauben an eine heilige, allgemeine, christliche Kirche, die als Organisation in Erscheinung tritt, schon den Keim vor uns, aus dem später alles Klerikale, alles Machtausübende, alles Regulierende und Rechthaberische bis hin zu ihrer Lehrhoheit und aller Ketzerbekämpfung hervorgewachsen ist, auch auf evangelischer Seite alles pastorale, Hochgeknöpfte und schwarz Einhergehende? Sollte eine christliche Gemeinde nicht mit allem Nachdruck sagen: »Wir sind das Volk!«? Das Volk Gottes? Wir sind die heilige Kirche, weil wir die Gemeinschaft der Heiligen sind? Wenn wir schon von einem allgemeinen Priestertum der Gläubigen reden, sollten wir dann nicht, um jedes Mißverständnis auszuschließen, vom allgemeinen Laientum der Pfarrer sprechen? Das Wort »Laie« kommt ja vom griechischen Wort »laos« her, und das bedeutet »Volk«.

»... Vergebung der Sünden«

Kein Zweifel, das ist ein Hauptpunkt in einem christlichen Bekenntnis. Aber wie schon gesagt: Warum wird nicht deutlich, daß hier vom Leben und Leiden Jesu Christi die Rede ist? Und warum erscheint dieser Satz erst hinter der »heiligen Kirche«? Geht die Vergebung der Sünden nicht der Kirche voraus, und konstituiert sie nicht geradezu die Kirche? Oder ist es denn die Kirche, die uns die Vergebung der Sünden verschafft? Fast scheint es so, als stünde hinter der sonderbaren Reihenfolge schon im Apostolikum dieser Anspruch, als hätten schon die Väter im 2. Jahrhundert die Kirche als die Organisation angesehen, die den einzelnen Menschen die Vergebung der Sünden vermittelt. Ich gestehe, daß ich mich von jeher, wenn ich einer vor mir versammelten Gemeinde die Vergebung der Sünden zusprach, sehr unbehaglich fühlte. Ich sollte da sagen:»Und ich als ein verordneter Diener der christlichen Kirche verkündige euch die Vergebung aller eurer Sünden.« Tue ich denn das nur in der bescheidenen Vollmacht, die mir eine Kirche gewähren kann? Ist es denn die Kirche, die mich von meinen eigenen Sünden löst? Oder müßte ich nicht eigentlich sagen: »Ich als ein von Jesus Christus berufener Diener Gottes« oder ähnlich? Es ist immer wieder dasselbe Bild, daß sich eine Kirche an die Stelle setzt, an der die entscheidende Anrede Gottes an die Menschen im Sinne des Evangeliums geschehen müßte.

Also bitte: Wenn es nicht die Kirche ist, die uns die Vergebung der Sünden verschafft, dann wollen wir von der Vergebung der Sünden im zweiten Artikel lesen.

»... Auferstehung der Toten und das ewige Leben«

Noch einmal dieselbe Frage: Warum wird von unserer Auferstehung nicht im Zusammenhang mit dem Tod und der Auferstehung Jesu Christi geredet? Wir sind doch wohl nach Paulus »mit Christus begraben durch die Taufe in den Tod« (Römer 6,4), und wir werden »in Christus lebendig gemacht werden« (1. Korinther 15,22) und nicht aus einem anderen Grund und Zusammenhang heraus. Und wiederum: Der Platz hinter der heiligen Kirche könnte den Gedanken nahelegen, daß auch Auferstehung und ewiges Leben durch die Kirche beschafft, gewährleistet oder auch verwei-gert werden. Und niemand sage, eben dies habe die Kirche niemals beansprucht! Die Gefahr, daß eine klerikale Macht die Herrschaft über die Seelen ergreift, ist auch in unserem Jahrhundert noch keineswegs ausgestanden.

Fassen wir zusammen: Wir können nicht sagen, die Kirchenväter des zweiten Jahrhunderts hätten nicht Grund und Recht gehabt, dieses Bekenntnis in dieser Form, mit diesen Worten und in dieser Reihenfolge zu formulieren. Wir wissen einfach zu wenig von ihren Gründen, und was wir wissen, das müssen wir mühsam in historischer Kleinarbeit zu uns heranholen. Wir wissen zu wenig von den Irrtümern und Mißverständnissen, die in jener Zeit abzuwehren waren, zu wenig von den Gefahren, denen mit dieser Formel entgegengetreten werden mußte. Denn jedes Bekenntnis dieser Art ist eine Antwort auf die Fragen, die eine bestimmte Zeit stellt, und eine Rede von dem, was in einer bestimmten Zeit oder in einem bestimmten Land besonders nötig ist zu sagen. Aber wir stellen fest, daß in unserer Zeit, im ausgehenden 20. Jahrhundert und im anbrechenden 21. viel, sehr viel, sehr anders gesagt werden muß, wenn es denn um ein Bekenntnis der Menschen gehen soll, die sich heute in der Kirche versammeln. Wir müssen uns selbst darüber klarwerden, was eigentlich unseren Glauben ausmacht, wo sein Ursprung, seine Mitte und sein Ziel liegen, was also wir aussprechen wollen, wenn wir im festlichen Gottesdienst das Unsere in Gestalt unseres Bekenntnisses beitragen wollen.

Zu all dem kommt aber nun etwas sehr Entscheidendes. Nach Auskunft der Reformatoren ist der Kern- und Angelpunkt dessen, was zwischen Gott, Jesus Christus und uns Menschen geschieht, die Rechtfertigung des Sünders allein aus Gnade und aufgrund des Glaubens. Das ist die Mitte und das Herzstück des christlichen Glaubens. Warum finden wir in den Jahrhunderten seit der Reformation keine Bekenntnisformel, in der diese Tatsache wenigstens schüchtern genannt, wenigstens mit drei Worten angedeutet wird, wenn schon nicht ausgebreitet? An diesem Punkt aber schweigt sich das in unserer evangelischen Kirche vorgeschriebene Apostolikum völlig aus. Wäre es nicht denkbar, daß ein Gemeindebekenntnis wenigstens einen Satz enthielte etwa der Art: »Ich danke Gott, daß er mich liebt, auch wenn ich nichts dazu tun und leisten kann«? Oder: »Ich danke ihm, daß er mir zugewandt bleibt, auch wenn ich meine eigenen törichten Wege gehe«? Wenigstens ein dankbares Wort für die Güte, in der Gott mit mir schuldigem, verirrtem Menschen umgeht?

»Rechtfertigung allein aus Gnaden«, das heißt doch: Indem Jesus mit den Sündern aß, machte er die Unberührbaren berührbar. Machte er die Verfemten gemeinschaftsfähig und die Rechthaber gerecht. Am Ende starb er den Tod, den wir verdient hätten, den Tod derer, die am Leben vorbeileben und an der Liebe, und gab uns den Weg frei ins Leben.

»Rechtfertigung allein aufgrund des Glaubens«, das heißt doch: Das Wichtigste, das ich tun muß, ist zu hören, was Gott mir durch Jesus Christus sagt. Die Hände aufhalten, damit Gott seine Güte hineinlegen kann. Ich habe nichts beizutragen als das. Ich muß meinen Wert nicht beweisen. Meine irdische Heimat ist die Gemeinschaft derer, die so glauben. In ihr danke ich Gott. Meine Eigenständigkeit und meine Freiheit gehen dabei nicht verloren, sie haben Raum in der großen, umfassenden Liebe Gottes.

Die Antwort auf die empfangene Liebe ist ein Leben, das sie weitergibt, wo immer sie gebraucht wird. Denn es geht in der Rechtfertigungslehre ja nicht nur um die Vergebung der Sünden, sondern auch um die Rechtfertigung des Lebens. Wenn Gott den Rechtlosen ihr Recht gibt und die Ungerechten gerecht macht, dann ist die Frucht der Rechtfertigung der Kampf um die Gerechtigkeit auf dieser Erde. Sie stellt sich in ihrer Konsequenz zum Beispiel als Bemühung um Freiheit dar, um die Befreiung sowohl der Rechtlosen als auch der Ungerechten. Gerechtfertigt sein und Recht schaffen gehört zusammen. »Sucht nach dem Reich Gottes und nach seiner Gerechtigkeit«, sagt Jesus, »alles übrige wird euch zufallen.«

Ich kann nur wiederholen, was ich oft gesagt habe: Was das Evangelium an uns bewirkt, das ist unsere Entlastung, unsere Heilung, unsere Befreiung, unsere Ermutigung, unsere Befähigung zum Glauben und zum Tun, zum »Beten und zum Tun des Gerechten«. Das Evangelium spricht von diesem erlösenden Geschehen, das uns in Zeit und Ewigkeit mit Jesus Christus verbindet. Hier ist die Quelle, aus der wir leben. Dafür feiern wir Gottesdienste, in denen wir Gott preisen. Und dieses gnadenhafte

Geschehen, das uns recht eigentlich zu Töchtern und Söhnen Gottes macht, muß der Grundton sein auch in einem Gemeindebekenntnis, das wir miteinander sprechen. Das ist es doch eigentlich, was uns verbindet, das ist es doch, zu dem unser gemeinsames Ja laut werden muß! Das ist es doch, was uns zu Christen macht: daß uns unübersehbar vor Augen steht, wie untauglich unser Tun und Leben ist, wenn wir mit Gott ins reine kommen wollen. Wie ungeeignet ist unser Lebenswerk und unsere Lebensgestalt, um Einvernehmen zu erreichen zwischen dem Willen Gottes und unserem Tun. Das heißt aber doch, mit dem altmodischen Wort ausgedrückt, das indes von seiner Aktualität nichts eingebüßt hat, daß wir »Sünder« sind, das heißt Menschen, die getrennt sind von der Quelle, aus der sie eigentlich leben sollten, getrennt auch von jenem elementaren Lebenszusammenhang, dem wir den Namen »Liebe« geben. Es heißt doch, daß wir täglich und stündlich das tun, was die Abstände tiefer und breiter macht, und unser egoistisches Leben von den Menschen, von der Schöpfung, von Gott immer endgültiger isolieren. Das ist es doch, das uns zu Christen macht, daß wir glauben, daß uns abgetrennte, dem Tod verfallene Menschen eine gütige Hand einfaßt mit den vielen anderen zusammen, die uns schützt und uns fähig macht, nun auch andere Menschen, andere Geschöpfe sorgsam und liebend in die Hand zu nehmen. Und das ist es doch, von dem unser Trost kommt, wenn wir sterben, daß wir nicht verloren sind, daß der Tod uns nicht verschlingen wird, obwohl wir nichts vorzuweisen haben, das ein Leben wirklich lebenswert gemacht hätte. Es wäre schön, redete unser Glaubensbekenntnis von diesem entscheidenden Punkt.

Ich bin mir darüber im klaren, daß, wer mit solchen Fragen den Kernsätzen der christlichen Überlieferung nähertritt, die Angst vieler weckt, den Widerstand, die Abwehr oder gar die Verwünschung. Aber ich halte es schlicht für notwendig, daß wir uns über sie auf ehrliche, offene und freundliche Art austauschen. Wer das nicht für nötig hält oder nicht für erlaubt, darf gerne bei dem bleiben, was ihm selbst wichtig und hilfreich ist, und er mag verantworten, was in den Menschen vorgeht, die er so auf das alte Bekenntnis festlegt. Ich kann und will ihn nicht daran hindern.

Unsere Frage, die uns dabei leitet, wird aber die sein: Mit welchen Werkzeugen sprachlicher Art will die Kirche ins 21. Jahrhundert gehen? Werkzeuge solcher Art sind etwa die Zehn Gebote, die Gebete, die Segensformeln, die Kernsätze der Eucharistie, die Glaubensbekenntnisse oder die Bibelübersetzungen. Die Kirche ist die Trägerin und Sprecherin dessen, was die Bibel das »Wort« nennt. Sie steht und fällt mit diesem Wort. Sie fällt, wenn dieses Wort verwaschen, ungenau, mißverständlich ist. Und sie steht, wenn es klar ist und eindeutig und wenn der Mensch, der es spricht, ernst meint, was er sagt.

Ich bin, wenn wir das apostolische Glaubensbekenntnis zur Diskussion stellen, sicher, daß der Streit unter den Theologen auch scharfe Formen annehmen kann, geht es dabei doch, wie man heute gerne sagt, ums Eingemachte. Aber man nehme es mir nicht übel: die Kritik kluger Theologen hat für mich weniger Gewicht als die Klage der Menschen, die unter dem leiden, was die klugen Theologen ihnen zumuten.

4

Fünf Arten von Bekenntnissen
kann ich mir denken

Was ist denn die Bestimmung eines Bekenntnisses? Wofür soll es dienen? Bei welchen Gelegenheiten soll es laut werden? Ich kann mir folgende fünf verschiedene Zweckbestimmungen vorstellen:

Da ist einmal ein Bekenntnis, das die heutige Kirche mit ihrer Geschichte verbindet und die Kirchen der Welt miteinander. Dafür hatten wir bisher das Apostolikum. Und es ist unentbehrlich, daß es einen solchen Text gibt, der die Kirchen miteinander und mit ihren Ursprüngen verbindet.

Da ist zum zweiten die Taufe von Kindern oder neu hinzukommenden Erwachsenen. Es wird nötig sein, gerade zu solchen Anlässen einen leicht faßlichen Text zu haben.

Da ist zum dritten die Situation, in der eine Kirche bedroht ist oder sich gegen die Bedrohung von Menschen zu wehren hat. Die Situation, die ein Wort erfordert, durch das klargestellt wird, was vom Evangelium her gelten muß. Wir könnten es auch das »situative Bekenntnis« nennen. Das »Barmer Bekenntnis« von 1934 war ein solches.

Zum vierten ist da das Schuldbekenntnis, mit dem eine Kirche oder ein einzelner auf eine vergangene Situation zurückblickt und vor sich und vor der Öffentlichkeit klärt, was dabei versäumt oder verschuldet worden ist. Das »Stuttgarter Schuldbekenntnis« von 1945 hatte diesen Sinn.

Und da ist zum fünften das hymnische Bekenntnis, in dem ein einzelner oder eine Gemeinschaft oder Gemeinde Gott rühmt und ihm dankt. Man könnte es auch ein »doxologisches« Bekenntnis nennen, das heißt eines, in dem wir Menschen Gott preisen. In diesem Buch geht es mir vordringlich um dieses fünfte.

5

Das erste: Ein Bekenntnis, das der Zusammengehörigkeit der Kirchen Ausdruck gibt

Was also tun wir mit dem Apostolikum? Immerhin verbindet es uns mit rund siebzig oder achtzig Generationen vor uns, und alles, was uns die Wurzeln zeigt, aus denen unsere heutige Kultur hervorgewachsen ist, ist der Sorgfalt würdig. Und angesichts des abnehmenden Wissens um unsere eigene Herkunft sagen wir das mit desto mehr Nachdruck.

Wir leben sehr in unserer Gegenwart. Darum reden wir gerne von Brüderlichkeit und Schwesterlichkeit, aber wir haben große Mühe, von den Müttern oder Vätern zu reden, von denen wir herkommen. Wir sollten darum durchaus davon sprechen, uns sei wichtig, was die Mütter und die Väter gedacht und gesagt haben, die uns durch die langen Jahrhunderte hindurch das Evangelium von Jesus Christus weitergereicht haben.

Wir leben sehr auf unsere eigenen Probleme fixiert. Wir schauen wie gebannt auf das Zu- oder Abnehmen unserer eigenen Kirchen in Mitteleuropa und wissen wenig von dem, was in den Völkern der Welt und ihren Kirchen geschieht. Es täte uns not, einen oder mehrere genaue Texte zu haben, die wir mit ihnen gemeinsam haben und mit ihnen zusammen sprechen könnten.

Nun ist das apostolische Glaubensbekenntnis in einer Zeit entstanden, in der es in der Kirche oder besser, in den vielen Kirchen von damals, grundlegend verschiedene und

41

sich ausschließende Deutungen des christlichen Glaubens gab. Und so haben sich, wie schon gesagt, in Rom einige führende Leute zusammengesetzt, es war ums Jahr 150 nach Christus, und haben das zusammengestellt, was nach ihrer Meinung von allen Christen gemeinsam gesprochen werden könne und müsse. Es wurde dann weiterentwickelt und hatte um 200 seinen heutigen Wortlaut. Es war danach das Kennwort, das darüber entschied, wer als ein Christ anzusehen sei und wer nicht.

Damals hatten sich die oft weit verstreuten Kirchen, die mit anderen kaum Verbindung halten konnten, so weit auseinanderentwickelt und hatten das Christusgeschehen und den Glauben an Gott und an den Heiligen Geist so völlig verschieden gedeutet, daß in der Zeit danach im 4. und 5. Jahrhundert eine lange Reihe von Synoden und Konzilien nötig wurde, die noch genauer bestimmen sollten, was denn mit »Sohn Gottes« oder mit der »Dreieinigkeit Gottes« gemeint sei. Man kämpfte oft jahrelang um einen Konsens. Am Ende einigte man sich auf eine neue Glaubensformel oder ging zerstritten auseinander. Man einigte sich zwischen einer Mehrheit von Kirchen und verdammte die anderen, die der gefundenen Formel nicht zustimmten. Immer aber ging es um das Gemeinsame, das gesucht und in der Regel auf irgendwelchen Wegen auch gefunden wurde.

Heute sind die Glaubensweisen in den verschiedenen Ländern und Erdteilen so verschieden, wie sie je gewesen sind, und eine gemeinsame Formel müßte irgendwann gefunden werden, auf die sich die Versammlungen der Weltkirche einigen könnten. Das kann nicht die Arbeit eines einzelnen sein. Die Fakultäten an unseren Universitäten sind Orte, an denen das geschehen kann, die Synoden, die Kirchenleitungen sind berufen, sich gemeinsam an die Arbeit zu machen und festzustellen, was für eine Kirche in der Gegenwart gelten und was ihr als Norm und Leitfaden dienen soll. Es wäre also ein Konzil zu fordern, ein gemeinsames zwischen der römischen, den orthodoxen und den evangelischen Kirchen. Sollte sich das als unmöglich erweisen, sollten die Lehrmeinungen inzwischen so weit auseinandergedriftet sein, daß ein solches Konzil keine Aussicht auf Gelingen hätte, dann wäre damit zugleich gesagt, daß auch das Apostolikum sich heute nur noch als Notbehelf eignet.

Es wäre auch denkbar, daß die Kirchen sich mit einer Kurzformel begnügten, die alles Strittige vermiede, und daß sie sagten, was über allen Dissens hinaus für einen Christen gelten könne, und sei es nur die älteste Kurzformel der Christenheit, die vermutlich lautete: »Jesus Christus ist Herr«, wie es etwa in Römer 10,9 steht:

»Wenn du mit deinem Munde bekennst, daß Jesus der Herr ist, und in deinem Herzen glaubst, daß ihn Gott von den Toten auferweckt hat, so findest du das Heil.«

In der Bekenntnissituation in den späteren Christenverfolgungen wurde vor Gericht verlangt, daß gesagt wurde: »Kyrius Kaisar«, der Kaiser ist Herr der Welt. Der Christ sagte aber: »Kyrius Jesus«, Jesus ist Herr der Welt. Damit hatte er seinen ganzen Glauben bekannt. Das Gericht hat ihn verstanden. Und es folgte das Urteil über den, der die geistige und weltliche Macht dem Kaiser entzogen und für Jesus beansprucht hatte.

So sieht der Philipperbrief in Kapitel 2, 11 das Ziel der Weltgeschichte darin, daß

»alle Zungen bekennen, daß Jesus Christus der Herr ist, zur Ehre Gottes, des Vaters.«

Und der 1. Johannesbrief stellt in 5,1 kurz fest:

»Wer glaubt, daß Jesus der Christus ist, der ist von Gott geboren.«

Das könnte einfach klingen. Wenn wir aber bedenken, daß das Wort »Herr« in der Bibel etwas ganz anderes meint als in unserer heutigen Umgangssprache, daß sich in ihm nämlich der Gottesname verbirgt, und wenn uns klar ist, daß das Wort »Christus« eine lange Bedeutungsgeschichte hat, dann werden wir befürchten, daß ein solches Konzil selbst mit einer so einfachen Formel über Jahre hin beschäftigt wäre.

Aber dazu, ein solches, allen Kirchen gemeinsames offizielles Glaubensbekenntnis zu formulieren, kann ich nichts beitragen, und ich meine, zu dieser kirchenverbindenden Formel eigne sich das Apostolikum trotz aller seiner erheblichen Mängel noch immer am besten, so lange, bis ein neues an seine Stelle tritt.

6

Das zweite: Ein Bekenntnis,
das so ist, daß eine Taufgemeinde
es verstehen kann

Bei wenig Gelegenheiten, so etwa auch bei Hochzeiten oder Begräbnissen, versammelt sich so viel Unkenntnis vom christlichen Glauben wie bei einer Taufe. Wenn ich sehe, wer vor mir steht, wenn ich ein Kind taufe, die Eltern, die Paten, die Verwandten, die Freunde, dann habe ich meistens eine ungewöhnlich schwach informierte Gemeinde vor mir. Ich sehe Menschen, von denen viele ohne jede Ahnung sind, was eine Taufe sei, wozu man sie brauche, und ohne jede Ahnung, was es bedeutet, daß dabei vom Geist Gottes geredet wird oder von der Kirche. Menschen, die lange, viele Stunden lange Gespräche nötig hätten, um auch nur den Anfang einer Ahnung zu gewinnen, warum ein Kind getauft wird oder wozu man Paten braucht. Bei einer heutigen Taufe das apostolische Glaubensbekenntnis zu sprechen kann in der Minderzahl der Fälle sinnvoll sein, in ihrer Mehrheit ist es unsinnig.

Nun galt seit den Anfängen der Kirche gerade das Glaubensbekenntnis als ein Taufbekenntnis. Ihm ging aber ein ausführlicher Taufunterricht voraus. So war seit den Anfängen dies sein Sinn: daß ein Täufling oder eine versammelte Gemeinde bei der Taufe so sprach.

Wenn dies heute nicht mehr anzuraten ist, dann treten das Glaubensbekenntnis und das Taufbekenntnis auseinander. Aber was dann?

Es sollten sich wohl einmal einige gute Pfarrer und Seelsorger und ein paar nachdenkliche Laien zusammensetzen und sich überlegen, welche anfänglichen Gedanken des christlichen Glaubens einer mitsprechen soll, der einer Taufe beiwohnt. Was er vom Zeichen des Wassers verstanden haben muß. Oder vom Unterschied zwischen einem Geschöpf Gottes und einem Kind Gottes. Oder vom Namen eines Menschen, bei dem auch er selbst, sofern er getauft wurde, gerufen ist. Über die Zugehörigkeit zum Leib Christi, der Kirche. Über die Wiedergeburt zum ewigen Leben. Über den Zusammenhang mit Ostern und der Auferstehung. Über die Sünde und die Befreiung von ihr. Und das so einfach, daß ihm unmittelbar zugestimmt werden kann. Solange wir jedenfalls an der Kindertaufe und das heißt auch an der Volkskirche festhalten wollen, müssen wir solche Dinge bedenken.

Wer das liest, könnte mich nun dabei behaften und sagen: Sag doch bitte konkret, wie du das meinst. Ich würde dann etwas ganz und gar Unfertiges vorzeigen, etwa dies:

Wir sind um dich versammelt, liebes Kind,
um dich zu taufen und dir zu sagen,
warum wir das tun.

Wir wollen Gott danken, daß du zu uns gekommen bist
als ein Geschenk seiner Liebe
und uns anvertraut.

Wir wissen, daß auch in deinem Leben
das Leid um dich sein wird wie ein tiefes Wasser,
bis du aus ihm auferstehen wirst in Gottes Reich.
Du wirst nicht allein sein.
Um dich her lebt die Gemeinschaft der Kirche,
was immer dir widerfahren mag.

Wir nennen dich mit deinem Namen,
weil Gott dich kennt und dich dein ganzes Leben lang
immer wieder bei deinem Namen rufen wird.

Wir kennen die Wege nicht, die du gehen wirst,
aber wir vertrauen dich Gott an,
seiner Güte und seiner Weisheit.

Wir bitten ihn, daß er dich bewahre
in Not und Schuld
und dich zuletzt wieder zu sich hole als sein Kind.

Wir wollen um dich her sein, liebes Kind,
heute und alle Tage,
und für dich bitten:

Gott, der Vater, möge dich behüten.
Jesus Christus möge dich leiten,
sein Geist möge dich erfüllen.

Jetzt und in Ewigkeit. Amen.

Neuen und anderen Einfällen sind keine Grenzen gesetzt,
und es ist viel besser, wir schaffen lange Zeit nur unzurei-
chende Worte dieser Art, als wir fürchten uns davor, es zu
tun.

7

Das dritte: Ein Bekenntnis, das in einer kritischen Situation laut werden muß

Eine dritte Gestalt eines Bekenntnisses ist eine zeitgebundene und aktuelle. Eine Kirche gerät in eine Situation, in der, was sie zu sagen hat, in Gefahr gerät. Eine politische Macht ist bestrebt, sie ihrem Willen gefügig zu machen. Menschen in oder außerhalb der Kirche werden in ihrer Menschenwürde bedroht, oder ein Unrechtssystem ergreift die Herrschaft über Völker und über die Gewissen. Dann wird die Kirche, sofern sie wach ist und bereit, Leiden auf sich zu nehmen, ein widerstehendes, klärendes Bekenntnis sprechen. Wir können es ein »situatives« Bekenntnis nennen. Das Barmer Bekenntnis von 1934 gegen den nationalsozialistischen Staat war ein solches oder auch das Bekenntnis, mit dem die Kirchen der DDR vor der Wiedervereinigung Deutschlands ihre Absage an die Praxis und den Geist der ABC-Waffen formulierten.

Der Hintergrund für solche zeitgebundenen und aktuellen Bekenntnisse ist die Tatsache, daß die Kirche nicht nur nach innen lebt, sondern auch nach außen. Sie ist zwar in dieser Welt nicht zu Hause, sie lebt im Übergang. Aber ihr Wort hat anzusagen, was in dieser Welt gilt und was gelten wird. Zu ihren Merkmalen gehören darum die Aufmerksamkeit auf das, was geschieht, und der Mut und die Selbstverleugnung, mit denen sie ihrer Zeit zugewandt lebt und spricht.

Sie wird also zum einen sagen, in wessen Namen sie lebt und wirkt. Und sie wird zum anderen genau bezeichnen, worin die Herausforderung der Stunde besteht. Sie wird die Gegner bezeichnen und das Unrecht, das geschieht, beim Namen nennen. Sie wird also nicht einfach Zeitkritik üben, sondern wird sagen müssen, warum und mit welchen Konsequenzen sie bereit sei, in den Widerstand zu dem, was geschieht, einzutreten.

Ich will es an dem bisher wichtigsten Beispiel eines solchen Bekenntnisses zeigen, dem sogenannten Barmer Bekenntnis von 1934, mit dem eine »Bekenntnissynode« der evangelischen Kirche dem Anspruch des Nationalsozialismus, die Kirche habe sich ihm zu fügen, entgegentrat. Es sagte aus, die evangelische Kirche habe nicht von Hitler, sondern von Jesus Christus allein Weisungen entgegenzunehmen, und begründete das mit markanten Sätzen.

Auf der anderen Seite entstanden damals, Anfang der dreißiger Jahre, Glaubensbekenntnisse nationalsozialistischen Gedankenguts, die dem Glauben an das deutsche Volk, an die nordische Rasse, an den von Gott gesandten Führer Ausdruck gaben. Und bitte, das war nicht in grauer Vorzeit! Ich war zehn Jahre alt, als das folgende Bekenntnis in thüringischen Kirchen gesprochen wurde:

1. »Wir deutschen Christen glauben
    an unseren Heiland Jesus Christus,
    an die Macht seines Kreuzes und seiner Auferstehung.
    Jesu Leben und Sterben lehrt uns,
    daß der Weg des Kampfes zugleich
    der Weg der Liebe und der Weg zum Leben ist.

    Wir sind durch Gottes Schöpfung hineingestellt
    in das Blut- und Boden-Schicksal des deutschen Volks
    und sind als Träger dieses Schicksals

verantwortlich für seine Zukunft.
Deutschland ist unsere Aufgabe,
Christus ist unsere Kraft...

3. Wie jedem Volk, so hat auch unserem Volk
    der ewige Gott ein arteigenes Gesetz eingeschaffen.
    Es gewann Gestalt in dem Führer Adolf Hitler
    und in dem von ihm geformten
    nationalsozialistischen Staat.
    Dieses Gesetz spricht zu uns
    in der aus Blut und Boden erwachsenen Geschichte
    unseres Volks.
    Die Treue zu diesem Gesetz
    fordert von uns den Kampf für Ehre und Freiheit.

4. Der Weg zur Erfüllung des deutschen Gesetzes
    ist die gläubige deutsche Gemeinde.
    In ihr regiert Jesus Christus, der Herr,
    als Gnade und Vergebung.
    In ihr brennt das Feuer heiliger Opferbereitschaft.
    In ihr allein begegnet der Heiland
    dem deutschen Volk und schenkt ihm
    die Kraft des Glaubens.
    Aus dieser Gemeinde deutscher Christen
    soll im nationalsozialistischen Staat Adolf Hitlers
    die das ganze Volk umfassende
    deutsche, christliche Nationalkirche erwachsen.

    Ein Volk! Ein Gott! Ein Reich! Eine Kirche!« [1]

Man mag heute einen solchen Text abseitig finden, absurd
oder einfach dumm und öde. Damals entsprach er, mitten
in der aufbrandenden nationalen Begeisterung, die Hitler
an die Macht trug, dem Denken unzähliger Christen, auch

unzähliger Pfarrer. Daß der Widerstand gegen Hitler nie von ganzen Kirchen getragen wurde, sondern immer nur von einzelnen, allenfalls einzelnen Bischöfen, daß er immer weniger als eine halbe Sache blieb und daß es immer der einzelnen Märtyrer wie Bonhoeffer bedurfte, um überhaupt von Widerstand sprechen zu können, daß aber diese einzelnen im großen Querschnitt von den Kirchen nie wirklich gestützt und getragen wurden (Bonhoeffers Name wurde sogar in die Fürbittengebete der Bekennenden Kirche für die Gefangenen der Nazis nicht aufgenommen!), hängt mit diesem Geist, der damals überwiegende Teile unseres Volks, auch des Kirchenvolks, erfaßte, zusammen. Es lohnt sich durchaus, an diesem Beispiel der Gefahr innezuwerden, daß eine Kirche in Anpassung an den Ungeist ihrer Zeit und an ihre Regierungen ihren Glauben verleugnet. Wir sind in der Zeit seither solcher Gefahr nicht immer entgangen.

Damals, im Mai 1934, bildete sich die Gegenbewegung gegen diese »Bewegung deutscher Christen«, die »Bekennende Kirche«. Damals kamen einige Theologen und einige kirchenleitende Leute in Barmen zusammen und formulierten ihren Gegentext, das sogenannte »Barmer Bekenntnis«, das klarstellte, daß Kirche und nationalsozialistischer Staat zwei verschiedene Dinge seien, und das die herkömmliche Bindung der Kirchen an den jeweiligen Staat weitgehend löste.

Es lautet, verkürzt, so:

I. »Jesus Christus, wie er uns in der Heiligen Schrift bezeugt wird, ist das eine Wort Gottes, das wir zu hören, dem wir im Leben und im Sterben zu vertrauen und zu gehorchen haben.

Wir verwerfen die falsche Lehre, als könne und müsse die Kirche als Quelle ihrer Verkündigung außer und neben diesem einen Wort Gottes auch noch andere Ereignisse und Mächte, Gestalten und Wahrheiten als Gottes Offenbarung anerkennen.

II. Wie Jesus Christus Gottes Zuspruch der Vergebung aller unserer Sünden ist, so und mit gleichem Ernst ist er auch Gottes kräftiger Anspruch auf unser ganzes Leben; durch ihn widerfährt uns frohe Befreiung aus den gottlosen Bindungen dieser Welt zu freiem, dankbarem Dienst an seinen Geschöpfen.

Wir verwerfen die falsche Lehre, als gebe es Bereiche unseres Lebens, in denen wir nicht Jesus Christus, sondern anderen Herren zu eigen wären, Bereiche, in denen wir nicht der Rechtfertigung und Heilung durch ihn bedürfen...

V. Die Schrift sagt uns, daß der Staat nach göttlicher Anordnung die Aufgabe hat, in der noch nicht erlösten Welt, in der auch die Kirche steht, nach dem Maß menschlicher Einsicht und menschlichen Vermögens unter Androhung und Ausübung von Gewalt für Recht und Frieden zu sorgen. Die Kirche erkennt in Dank und Ehrfurcht gegen Gott die Wohltat dieser seiner Anordnung an. Sie erinnert an Gottes Reich, an Gottes Gebot und Gerechtigkeit und damit an die Verantwortung der Regierenden und Regierten. Sie vertraut und gehorcht der Kraft des Wortes, durch das Gott alle Dinge trägt.

Wir verwerfen die falsche Lehre, als solle und könne der Staat über seinen besonderen Auftrag hinaus die einzige und totale Ordnung menschlichen Lebens werden und also auch die Bestimmung der Kirche erfüllen.

Wir verwerfen die falsche Lehre, als solle und könne sich die Kirche über ihren besonderen Auftrag hinaus staatliche Art, staatliche Aufgaben und staatliche Würde aneignen und damit selbst zu einem Organ des Staates werden.«

Dieses Barmer Bekenntnis war das erste und bislang einzige Beispiel eines Bekenntnisses, mit dem die evangelische Kirche auf die Herausforderung einer aktuellen Situation antwortete. Es ist, sehen wir von der altväterlichen Sprache ab, bis heute ein gültiges Beispiel für die Wachheit, die wir uns für den Umgang unserer Kirche mit dem Geist ihrer jeweiligen Zeit wünschen.

Das Bekenntnis von Barmen hatte eine schwache Stelle. Es redete zwar klar und scharf von dem Christus, von dem die Maßstäbe ausgingen, die für die Kirche gelten mußten. Aber es redete kaum und nur in Andeutungen von der Gefahr, die vom Nationalsozialismus ausging, von der Verletzung der Menschenrechte, von Gesinnungsterror oder der von den Nationalsozialisten damals schon erkennbar ausgehenden Gefahr eines neuen großen Krieges. Es redete wie ein dogmatisches Lehrbuch. Es »lehrte«, und es »verwarf die falsche Lehre«, ohne Roß und Reiter praktisch zu nennen. Das ist begreiflich, denn es hatte durch lange Jahrhunderte nie eine Situation gegeben, in der eine Kirche sich zum Widerstand gegen einen Unrechtsstaat aufgerafft hätte. Das, was wir heute das »situative Bekenntnis« nennen, war bei dem jahrhundertealten Kartell zwischen Staat und Kirche nie gefragt gewesen. Und angesichts dieses neuen ersten Versuchs ist das Barmer Bekenntnis immerhin von bleibender Wichtigkeit und Gültigkeit. Es ist ein neues

Unternehmen, für das die evangelische Kirche Karl Barth zu bleibender Dankbarkeit verpflichtet ist. Was aber ist seitdem in dieser Linie weiter geschehen?

Zu unseren Lebzeiten entstanden, und oft im Zusammenhang mit der Studentenbewegung der sechziger und siebziger Jahre, Bekenntnisse, deren Aussage in der politischen Dimension des christlichen Glaubens lag und in der Anweisung zum praktischen Handeln. So lesen wir ein Wort aus dem Arbeitskreis »Politisches Nachtgebet« in Rheinhausen:

»Wir glauben an einen Gott, in dem die Chance begründet liegt, daß die menschliche Gesellschaft sich zum Guten fortentwickelt. Wir glauben, daß Jesus in dieser Welt lebte, damit uns offenbar würde, daß Gott am Heil der Welt gelegen ist.

Wir hoffen auf sein Reich, das hier auf Erden begründet wurde durch Wort und Wirken, Tod und Leben Jesu Christi. Wir hoffen auf sein Reich, durch dessen Verheißung wir Christen aufgefordert sind, dem Frieden, der Gerechtigkeit und der Versöhnung in dieser Welt Gehör zu verschaffen.

Wir lieben Gott in unserem Nächsten. Nirgends kann heute Nächstenliebe umfassender und wirkungsvoller in Erscheinung treten als im politischen Handeln.« [2]

Ehe wir freilich erklären, dies sei zuwenig, muß uns klar sein, daß solche Texte damals echte Bekenntnisse waren, gesprochen gegen den Wind, der damals in Staat und Kirche wehte. Bekenntnisse, die eine politisch verschlafene Kirche aus ihren bürgerlichen Träumereien reißen wollten und die in einer Zeit formuliert wurden, in die die Anfänge der Bewegungen für Frieden, Gerechtigkeit und Bewahrung der Schöpfung fielen.

In jenen Jahren formulierte Dorothee Sölle ihr viel dis-
kutiertes Glaubensbekenntnis, das damals als Angriff auf
alle heiligen Güter der Kirche galt und das viele erst heute
ernst nehmen:

»Ich glaube an Gott,
der die Welt nicht fertig geschaffen hat
wie ein Ding, das immer so bleiben muß,
der nicht nach ewigen Gesetzen regiert,
die unabänderlich gelten,
nicht nach natürlichen Ordnungen
von Armen und Reichen,
Sachverständigen und Uniformierten,
Herrschenden und Ausgelieferten.
Ich glaube an Gott,
der den Widerspruch des Lebendigen will
und die Veränderung aller Zustände
durch unsere Arbeit, durch unsere Politik.

Ich glaube an Jesus Christus,
der recht hatte, als er,
›ein einzelner, der nichts machen kann‹
genau wie wir,
an der Veränderung aller Zustände arbeitete
und darüber zugrunde ging.
An ihm messend erkenne ich,
wie unsere Intelligenz verkrüppelt,
unsere Phantasie erstickt,
unsere Anstrengung vertan ist,
weil wir nicht leben, wie er lebte.
Jeden Tag habe ich Angst,
daß er umsonst gestorben ist,
weil er in unseren Kirchen verscharrt ist,
weil wir seine Revolution verraten haben

in Gehorsam und Angst vor den Behörden.
Ich glaube an Jesus Christus,
der aufersteht in unser Leben,
daß wir frei werden von Vorurteilen
und Anmaßung, von Angst und Haß
und seine Revolution weitertreiben
auf sein Reich hin.

Ich glaube an den Geist,
der mit Jesus in die Welt gekommen ist,
an die Gemeinschaft aller Völker
und unsere Verantwortung für das,
was aus unserer Erde wird:
ein Tal voll Jammer, Hunger und Gewalt
oder die Stadt Gottes.
Ich glaube an den gerechten Frieden,
der herstellbar ist, an die Möglichkeit
eines sinnvollen Lebens für alle Menschen,
an die Zukunft dieser Welt Gottes. Amen.« [3]

Dorothee Sölle und Luise Schottroff haben später eine
Formel verfaßt, die auch die ökologische Thematik einbe-
zog in ein Bekenntnis gegen den Umgang des heutigen
Menschen mit der Schöpfung:

»Ich glaube an Jesus Christus
Sohn des Lebens Bruder der Menschen
Erstgeborener aller Schöpfung
der uns an unsere Geschwister erinnert
die Bäume und die Vögel des Himmels
Schwester Wasser und Bruder Feuer
Er verbindet uns mit allem was lebt
auf unserem kleinen Planeten Erde

Ich glaube an Jesus den Sohn des Lebens
das uns geschenkt wird damit wir es weiter verschenken
Er hat die Kranken geheilt und die Traurigen
Er hat die Hungrigen gespeist und die Verzweifelten
ein Mitarbeiter der Schöpfung
die weitergeht an jedem Tag
in unserer Arbeit
wenn wir unsere Heimat vor der Plünderung schützen
unsern kleinen Planeten Erde

Ich glaube an Jesus
Sohn des Lebens und einer armen Mutter
politischer Gefangener unter Pontius Pilatus
zu Tode gefoltert auch heute
in den Polizeikellern Lagern und Kriegen
die wir noch immer dulden
auf unserem kleinen Planeten Erde

Ich glaube an Jesus
den Erstgeborenen aus dem Tode
Sie konnten ihn nicht fertigmachen
er ist von den Toten auferstanden
er verbindet uns mit den Toten vor uns
um die wir trauern
und den Toten neben uns
die wir nicht gerettet haben
Sie alle sind unsere Schwestern und Brüder
auf dem kleinen Planeten Erde

Ich glaube an Jesus Christus
Kind des Lebens
eine Schwester für alle Menschen
die Wahrheit die uns frei machen wird
von dem Zwang auszubeuten

und aus dem Tode Profit zu schlagen
In Christus spüren wir den Geist des Lebens
in einer todessüchtigen Welt
Wir stehen auf mit ihm zu kämpfen
zu leiden und unser Leben zu geben
bis Gott sei alles in allem
auf unserm kleinen Planeten Erde.« [4]

In einer anderen Richtung, in der heute Widerstand nötig
ist, haben Frauen Glaubensbekenntnisse geschrieben.
Wenn wir bedenken, daß die patriarchale Gewalt gegen
Frauen eine ihrer Hochburgen im herkömmlichen Christentum hat, werden wir gemeinsam mit Frauen uns gegen
diese Gewalt wenden, indem wir sagen, was Gott mit
Mann und Frau gemeint hat und wie Frau und Mann in
einer christlichen Kirche miteinander leben sollen.

Eines dieser feministischen Glaubensbekenntnisse ist das
von Heidi Rosenstock von 1991, in dem die Akzente behutsam anders gesetzt werden als im Apostolikum:

»Ich glaube an Gott,
die Kraft,
die uns wie am ersten Schöpfungstag ins Leben ruft.

Und an Jesus Christus,
das Gotteskind,
von Maria zur Welt gebracht.
Das gottbegabte Menschenkind
hat mit Brüdern und Schwestern gelebt,
sie geheilt und aufgerichtet,
doch gelitten unter den Menschen,
die an das Gesetz des Todes glaubten.
Ist hineingegangen in die Mitte des Todes,
wurde von Menschen in ein Grab getragen,

von Gott neu ins Leben gerufen.
Er sitzt an der Seite der Ohnmächtigen,
denen Gott Macht verleiht.
Von dort kommt die Botschaft zum Leben
an die Lebenden und die Toten.

Ich glaube,
daß Gottes Geist lebendig macht,
zur Liebe befähigt,
zur Vergebung ruft,
zur Wachsamkeit drängt

und zum Leben auffordert
ewig. Amen.« [5]

Oder es entstehen Umkehrungen wie das Bekenntnis zum
Glauben Gottes an mich von Hildegunde Wöller 1989, das
sich als ein »Echo auf das Glaubensbekenntnis« versteht.
Der Sinn dieser Umkehrung liegt in dem Protest gegen die
Gewalttätigkeit derer in der Kirche, die sich das Recht her-
ausnehmen, zu fordern, was man zu glauben habe, und im
Rückzug auf die allem menschlichen Glauben vorausge-
hende Zuwendung Gottes zu uns Menschen.

»Gott glaubt an mich
wie ein Vater an sein Kind,
bei ihm bin ich geborgen,
denn auch Erde und Himmel lieben ihn.

Jesus Christus glaubt an mich.
Durch ihn bin ich mit Gott verbunden,
und mein Herz ist von ihm erfüllt.
Jesus
ist von Gott aus der Höhe

zu mir gekommen,
er ist mein Kind,
hat gelitten unter den Mächtigen,
die auch ich fürchte,
ist einen Tod gestorben,
bei dem mich Entsetzen packt,
ist an der Lieblosigkeit umgekommen.

Er ist so ohnmächtig geworden,
wie ich es bin
gegenüber Haß und Verschlossenheit,
und ist mir nähergekommen,
als ich mir selbst bin,
denn er hat sich in die Tiefe gewagt,
vor der mir in mir selbst graut.

Doch er hat mich gesprengt,
mein Gefängnis zerstört
und hat mich neu geschaffen
zu einer Tochter,
zu einem Sohn
Gottes.
In ihm bin nun auch ich
Teilhaber an Gottes Güte
für die Welt und alle Menschen,
der will,
daß die Schöpfung erlöst wird.

Der Heilige Geist glaubt an mich.
Er verbindet mich mit allen Menschen.
Das erfahre ich täglich durch die Liebe,
die ich von meinen Mitmenschen empfange.
Sie geben mich nicht auf,
auch wenn ich mich aufgebe,

sie haben Geduld mit mir,
auch wenn ich schwach bin.
So werde ich immer wieder gewandelt
und neu geboren –
jetzt und auch durch den Tod hindurch.« [6]

Inzwischen sind eine Reihe von Ereignissen und Entwicklungen dieser Zeit eingetreten, zu denen ein Bekenntnis der Kirche nötig gewesen wäre oder noch wäre.

Die atomare Aufrüstung mit ihrer völlig neuen Dimension von Rüstung, Krieg, Zerstörung und menschlichem Leid erfordert meines Erachtens von der Kirche ein Bekenntnis zu dem Christus, der den Weg zum Frieden vorausging. Ein Bekenntnis zu seinem Wort vom gewaltlosen Weg zum Frieden, zur Bereitschaft zu leiden auch. Oder hat die Kirche zu Gewalt, Haß und Terror auf der Bühne dieser Welt keine Alternative anzubieten? Bisher haben sich die Kirchen in Westdeutschland zu einem solchen Wort nicht aufraffen können. Wir haben in dieser Sache bislang nur das Wort des Bundes der Evangelischen Kirchen in der DDR von 1987, das auf fünf Seiten »im Gehorsam gegen den dreieinigen Gott« ihre »Absage an Geist, Logik und Praxis der Abschreckung« ausspricht.

Es wendet sich in einem ersten Abschnitt gegen das Verfahren, die eigene Sicherheit zu einem Götzen zu erheben, für den man bereit ist, Menschen millionenfach zu opfern und das Leben des Planeten aufs Spiel zu setzen. »Auch wir sind in diesem Geist gefangen. Wir bitten, daß Gott uns davon befreit.« »Kein Mensch und kein Staat darf durch Drohung mit Massenvernichtungsmitteln Angst und Abhängigkeitsverhältnisse schaffen.« »Die Logik der Abschreckung ... vernichtet, was sie zu schützen vorgibt: Frieden, Freiheit und Gerechtigkeit.« »Die Praxis der Abschreckung ... räumt militärischen Sicherheitsüberlegungen den Vorrang vor der Gestaltung eines gerechten Zusammenlebens der Menschen ein. Sie vergeudet die materiellen und geistigen Schätze der Menschheit, sie verschärft die Ausbeutung der armen Länder durch die Industrienationen. Sie tötet schon heute durch Hunger und Verelendung auch ohne Krieg.«

In einem zweiten Abschnitt fordern die Kirchen der DDR die Abschaffung des Krieges: »In einer Welt mit Massenvernichtungsmitteln gibt es keine gerechten Kriege mehr. ... Die Aufgabe des Staates, für Recht und Frieden zu sorgen, kann nicht mehr wahrgenommen werden durch ein Sicherheitssystem, das auf Abschreckung beruht...« »Wir brauchen ein System gemeinsamer Sicherheit und politische Wege der Konfliktregelung.« »Die Kirche sieht in der Entscheidung von Christen, den Waffendienst ... zu verweigern, einen Ausdruck des Glaubensgehorsams, der auf den Weg des Friedens führt.«

In einem dritten Abschnitt nennt dieses Wort beispielhaft einige praktische Schritte:

»Weil der jetzt zu erwartende Abbau von Mittelstreckenraketen ein ermutigender Anfang der Abrüstung ist, setzen wir uns nun um so mehr für den weiteren Abbau der Atomwaffen, für atomwaffenfreie Zonen, für das Verbot chemischer und biologischer Waffen, das Verbot jeder Weltraumrüstung, die Begrenzung konventioneller Waffen und Truppenreduzierung ein.

Weil die Verteufelung des anderen die Gewaltbereitschaft erhöht, wollen wir uns der feindseligen Rhetorik gegen jedermann enthalten, uns gegenseitig ermahnen und andere dazu auffordern.

Weil alle Abgrenzung zwischen Menschen das Entstehen von Feindbildern fördert, wollen wir uns für mehr Begegnungsmöglichkeiten zwischen Menschen einsetzen und dazu beitragen, daß viele Menschen unseres Landes die Menschen anderer Völker in ihrer Umgebung und mit ihren Problemen kennenlernen und besser verstehen.

Weil wir lernen müssen, unsere Konflikte mit friedlichen Mitteln auszutragen, wollen wir mit der Friedenserziehung zu Hause beginnen und uns für die Friedenserziehung in Schule und Gesellschaft einsetzen.

Weil schwelende Konflikte in einer Gesellschaft den Frieden auch der anderen gefährden, wollen wir die Probleme in unserem Land offen ansprechen, nach ihren Ursachen suchen und zu ihrer Überwindung beitragen.

Weil unser derzeitiges Verhältnis zu den armen Ländern und die ungerechte Weltwirtschaftsordnung eine ständige Gefahrenquelle und eine Bedrohung des Friedens sind, wollen wir uns für eine gerechte Weltwirtschaftsordnung einsetzen.

Weil unser räuberischer Umgang mit der Natur den Frieden und das Leben unserer Kinder und Enkel bedroht, wollen wir uns einüben in einen Lebensstil, der unserer natürlichen Umwelt gerecht wird und Zukunft hat.«[7]

Ein gutes Beispiel, wie ähnliches im Westen gesagt werden könnte, war die sogenannte »Ostdenkschrift« der westdeutschen Kirchen, eine der seltenen Ausnahmen, in denen es gelang, dem Geist westlicher Politik ein Bekenntnis der Kirche entgegenzusetzen.

Aber an einer Herausforderung besonders dringender Art ging unsere Kirche bislang vorbei. Die Wachstumsideologie unserer Wirtschaft, die Ausbeutung der Erde und ihre Zerstörung und Vergiftung durch die Abfälle unserer modernen Wirtschaftsweise erfordern meines Erachtens von der Kirche ein Bekenntnis zu Gott, dem Schöpfer, als dem Eigner dieser Welt, und der Verpflichtung des Menschen, dies anzuerkennen und Konsequenzen daraus zu ziehen. Ist es nicht bemerkenswert, daß angesichts der rasant sich beschleunigenden Umweltzerstörung die Kirchen unseres Landes noch nie ein wirkliches Bekenntnis zu ihrem ersten Glaubensartikel zu formulieren vermochten? Ist es nicht bemerkenswert, daß es die sogenannten »christlichen Völker« waren, die jene Technik hervorbrachten, die heute die Erde zerstört? Daß wir also den Nutzen und die Wirkungslosigkeit von zeitlosen Bekenntnissen am Beispiel des Apostolikums feststellen, das ja noch keine Kirche dazu bewogen hat, aus seinem ersten Artikel irgendwelche Konsequenzen zu ziehen? Ein Bekenntnis dieser Art ist überfällig. Auf der Weltversammlung von Seoul ist ein Anfang gemacht worden. Vielleicht ließe es sich von den dortigen Formulierungen aus entwickeln.

Die Herausforderung zu einem solchen »situativen Bekenntnis« kann jederzeit mit völlig neuen Themen auf die Kirche zuspringen. Sie muß dann aufgefangen werden und ihre Antwort finden. Aber wenn eine Kirche dazu nicht die Kraft findet, dann werden auch einzelne Christen oder einzelne Gruppen in einer Kirche die Vollmacht haben, ein solches Bekenntnis zu formulieren. Dann wird es auch eine spezifisch kirchliche Form zivilen Ungehorsams geben, wie er in der Friedensbewegung der achtziger Jahre nicht nur von Laien, sondern auch von Pfarrern geleistet worden ist. Denn dann muß klarwerden, wem in der Kirche wirklich zu gehorchen ist: nicht vorgesetzten Dienststellen, nicht Würdenträgern mit niederen oder höheren Weihen, sondern dem Herrn der Kirche.

8

Das vierte: Ein Bekenntnis, das Schuld und Versagen beim Namen nennt

Fasse ich diese vierte Form eines Bekenntnisses ins Auge, dann wird unübersehbar, daß solche Bekenntnisse immer am Rand des Versagens formuliert werden, als Zeichen des Mutes angesichts einer verbreiteten Verzagtheit, und daß im Rückblick demnach in aller Regel von Verschulden und Versäumen wird die Rede sein müssen.

So versammelte sich der Rat der EKD am 18./19. Oktober 1945 in Stuttgart und formulierte das bekannte Schuldbekenntnis, das freilich unter den Christen in Deutschland nicht gerne gehört wurde:

>»Wir klagen uns an, daß wir nicht mutiger bekannt,
>nicht treuer gebetet, nicht fröhlicher geglaubt
>und nicht brennender geliebt haben.«

Die Erklärung blickt auf einen »neuen Anfang« voraus. Sie dankt für die ökumenische Gemeinschaft und drückt die Hoffnung aus, daß »durch den gemeinsamen Dienst der Kirchen dem Geist der Gewalt und der Vergeltung ...in aller Welt gesteuert werde«.

Nach dieser Erklärung entstand in Deutschland das Wort von der politischen »Kollektivschuld« des deutschen Volkes. Aber das war nicht gemeint, es war vielmehr das ehrliche Bekenntnis bestimmter Kirchenführer, die für sich und für viele, denen ihr Versagen bewußt war, sprachen.

Im Jahr 1995 nun hat man überall in Deutschland dieses Schuldbekenntnisses und seiner fünfzigjährigen Wiederkehr gedacht. Aber was nützt es, wenn eines Schuldbekenntnisses anderer Leute, die alle längst dem Chor der Seligen angehören, gedacht wird? Wäre ein aktuelles Schuldbekenntnis aus unseren Tagen nicht wahrer, hilfreicher, befreiender? Und würde es nicht vielleicht wirklich den Weg freimachen für ein verändertes gesellschaftliches und politisches Verhalten der Kirchen?

Ich stelle mir jedenfalls eine Szene vor, die ich nicht für unmöglich halte. Ich stelle mir vor, im Jahr 2000 träte eine Versammlung von Bischöfen, Kirchenpräsidenten und anderen kirchenleitenden Leuten zusammen wie vor fünfzig Jahren. Ich stelle mir vor, sie dächten nach über die Ereignisse in der zweiten Hälfte des 20. Jahrhunderts, und dabei käme dann etwas heraus wie ein bundesrepublikanisch-kirchliches Schuldbekenntnis. Ich gebe zu, das ist eine kühne Vorstellung. Aber zu welcher Hoffnung sollte uns der Geist Gottes, der doch in solchen Versammlungen durchaus am Werk sein kann, nicht ermutigen? Denn das Schuldbekenntnis anderer Leute, das fünfzig Jahre zurückliegt, zu feiern, ist leicht. Aber heute zu bekennen, darauf käme es an. Und wenn ich sagen sollte, wie es etwa lauten könnte, dann würden mir für die letzten fünfzig Jahre spontan folgende ungenauen Sätze einfallen:

»Wir klagen uns an, daß wir fast immer, wenn sich etwas Neues meldete, fest und nachhaltig geschlafen haben. Daß uns, wenn ein deutliches Wort nötig gewesen wäre, nichts eingefallen ist. Ordnung, Einfügung und Unauffälligkeit waren die Götter, denen wir von ganzem Herzen, von ganzer Seele und mit allen Kräften gedient haben. Wir klagen uns an, daß wir nun 50 Jahre lang nicht zu sagen wußten, was die westliche Freiheit und die Freiheit eines Christenmenschen unterscheide. Wir klagen uns an, daß wir fast immer den restaurativen Kräften in unserer Gesellschaft zu Willen waren. Wir haben wie alle anderen den Kalten Krieg mit geführt, haben unsere eigene Mitschuld am Unfrieden verdrängt und wie alle anderen alles Böse beim anderen gesucht....« und so weiter.

Warum soll nicht irgendwann, noch ehe diese Welt untergeht, irgendeine Kirche einmal so über ihre eigene Arbeit berichten und dabei die Entschlossenheit finden, ihren Weg künftig nach anderen Maximen zu gehen als bisher? Ich möchte es glauben.

Ein anderes, ein schönes Beispiel aus dem Leben der nordamerikanischen Kirchen:

Am 21. November 1987 wurde dem Stammesrat und den traditionellen geistigen Führern der indianischen Eskimovölker des pazifischen Nordwestens folgende öffentliche Erklärung der christlichen Kirchenführer übergeben:

»Liebe Brüder und Schwestern,
dieses ist eine förmliche Bitte um Verzeihung im Namen unserer Kirchen für ihre lange Teilnahme an der Zerstörung der spirituellen Praktiken der eingeborenen Amerikaner. Wir rufen unser Volk auf, Ihre traditionellen Lebensformen anzuerkennen und zu achten und Ihre heiligen Plätze und zeremoniellen Gegenstände zu schützen. Oftmals sind wir unbedacht und unsensibel gewesen und Ihnen nicht zu Hilfe gekommen, wenn Sie der unrechtmäßigen Politik und Praxis der Regierungen zum Opfer fielen. Und bei vielen anderen Gelegenheiten spiegelten wir den vorherrschenden Rassismus und die Vorurteile der dominierenden Kultur wider, mit der wir uns nur zu bereitwillig identifi-

zierten. Während des zweihundertsten Jahres der amerikanischen Verfassung senden wir als Führer unserer Kirchen im pazifischen Nordwesten unsere Bitte um Entschuldigung. Wir bitten um Vergebung und Ihren Segen.

So wie unser Schöpfer ständig die Erde, die Pflanzen, die Tiere und alle lebenden Wesen erneuert, rufen wir die Angehörigen unserer Konfessionen und Gemeinschaften zum Einsatz für eine gegenseitige Unterstützung Ihrer Bemühungen auf, das Erbe Ihrer eigenen spirituellen Lehren zurückzufordern und zu schützen. Zu diesem Zweck versprechen wir unsere Hilfe und Unterstützung und bestätigen das folgende:

1. Das Recht aller eingeborenen Völker, die traditionellen Zeremonien und Rituale unter dem gleichen Schutz, den die Verfassung allen Religionen gewährt, zu praktizieren und daran teilzunehmen.

2. Zugang zu und Schutz aller heiligen Stätten und des öffentlichen Geländes für zeremonielle Zwecke.

3. Der Einsatz religiöser Symbole (Feder, Tabak, Süßgras, Knochen usw.) zur Verwendung in traditionellen Zeremonien und Ritualen.« [8]

Es gibt geschichtliche Versäumnisse, an die sich zu erinnern für die Kirchen allüberall auf dieser Erde hohe Zeit ist.

9

Das fünfte: Ein Bekenntnis,
mit dem wir Gott rühmen

»Rühmen, das ist's!« sagt Rilke. Vom »rühmenden Menschen« redet er in einem seiner Sonette an Orpheus, von dem Menschen, der »zum Rühmen bestellt« sei und dem in seinem Leben alles zum »Weinberg« wird, zur »Traube«, und der noch weit in die Türen der Toten »Schalen mit rühmlichen Früchten hält«.

Sollte das die letzte Bestimmung des Menschen auf dieser Erde sein, daß er »rühmt«? Die Bibel spricht so. Und sie zeigt auch, wie er diese Bestimmung erfüllen kann, das Wort zu nehmen in einer schweigenden Schöpfung und von dem zu reden, den nur der nennen kann, der ihn rühmt. Die Bibel sagt, das eigentliche Fest habe darin seinen Höhepunkt, daß ein Mensch anfängt, sich aufzutun und von dem zu reden, was größer ist als er, wichtiger, geheimnisreicher, heiliger: nämlich von dem Gott, dem er begegnet ist. Und daß darin die besondere Art eines »Bekenntnisses« besteht, das einzelne oder viele im Fest aussprechen oder singen: daß es den Sinn der Rühmung hat.

Wir könnten also diese fünfte und letzte Form eines Bekenntnisses die »preisende« oder die »rühmende« nennen. Die Theologen sprechen von einer »doxologischen«. Denn ihr Sinn ist nicht irgendein belehrender Zweck, nicht ein verändernder Wille, nicht die wissende Reflexion, sondern allein die zweckfreie Freude an dem, was das Evangelium uns erlaubt zu glauben, der Dank Gott gegenüber und die Feier seiner Nähe.

Nun entstanden, wie schon gesagt, in den letzten dreißig Jahren neue Glaubensbekenntnisse der unterschiedlichsten Art. Und immer wieder sind solche »rühmenden« darunter. Ich zitiere einige davon, ohne sie zu werten:

Eines zum Beispiel von Dankwart Beste:

> »Ich glaube an Dich, Gott.
> Du hast die Erde, den Himmel
> und alle Sonnen und Sterne gemacht.
> Du bist so groß, daß alle Himmel Dein Haus sind.
> Du bist so klein, daß Du in meinem Herzen wohnen kannst.
> Du bist wie Mutter und Vater von allem, was lebt.
>
> Du bist uns ganz nahegekommen in Jesus Christus,
> der in einer Krippe zur Welt kam,
> der unter uns Menschen lebte
> und uns zeigte, was es heißt, als Mensch Gottes zu leben,
> und der durch den Tod am Kreuz einging in das Leben in deiner Liebe.
>
> Ich glaube,
> in den Kirchen können alle Menschen durch den Geist der Liebe und der Wahrheit
> zu einer großen Familie Gottes auf der Erde werden,
> die Dich, den Gott des Lebens, loben und preisen.« [9]

Eines von Ernesto Cardenal, dem Priester und Dichter aus Nicaragua:

»Wir glauben an Gott.
Er gab denen, die unter dem Gesetz litten, die Liebe.
Er gab denen, die fremd waren im Land, ein Zuhause.
Er gab denen, die unter die Räuber fielen, seine Hilfe.

Wir glauben an Jesus Christus, Sohn Gottes,
unseren Bruder und Erlöser.
Er gab denen, die Hunger hatten, zu essen.
Er gab denen, die im Dunkel lebten, das Licht.
Er gab denen, die im Gefängnis saßen, die Freiheit.

Wir glauben an den Heiligen Geist.
Er gibt denen, die verzweifelt sind, neuen Mut.
Er gibt denen, die in der Lüge leben, die Wahrheit.
Er gibt denen, die die Schrecken des Todes erfahren,
die Hoffnung zum Leben. Amen.« [10]

Von Kurt Wolff gibt es diesen Text:

»Ich glaube an Gott,
dessen Wort von Anfang an war,
dessen Licht die Finsternis hell macht
und der Leben schafft,
dessen Macht aus dem Mund der Kinder spricht,
der mich wie eine Mutter tröstet,
der mein Vater ist.

Ich glaube an Jesus Christus,
der das Wort Gottes ist,
das Wort, das unter uns wohnt,
der wie ein Mensch Fleisch und Blut wurde

und der sagt: Ich bin dazu geboren
und in die Welt gekommen,
um für die Wahrheit einzutreten,
der von Anfang an war
und in allen kommenden Gegenwarten handelt,
der die Uhr Gottes ist,
die weder Zeit noch Stunde kennt,
dessen Wort nicht vergeht,
auch wenn Himmel und Erde vergehen,
weil er selbst das Wort ist,
das Licht und neues Leben schafft.

Ich glaube an den Heiligen Geist,
der der schaffende Geist Gottes ist,
der der handelnde Geist des Sohnes ist,
der der Geist der Wahrheit ist,
der mich lehrt, was ich sagen soll,
der mein alltägliches Wort
an dem Wort seiner Wahrheit prüft,
der mich sichere Schritte gehen lehrt,
der meinen sterblichen Leib lebendig macht,
damit ich wie neugeboren handle.« [11]

Ausführlich und umschreibend der Text von Lothar
Zenetti, dem katholischen Priester aus Frankfurt, von dem
es viele sehr gute Texte gibt:

»Credo

Ich kann nicht denken,
daß die Welt, in der wir leben,
das Produkt blinder Zufälle ist.

Ich erkenne,
daß es Gesetze und Strukturen gibt,

Höherentwicklung und Zielstrebigkeit
über die Jahrtausende hin. Einen tiefen
Sinn in allem und ein Ziel,
auf das alles zugeht.
Ich will glauben,
daß dieses Geheimnis aller Welt,
das auch mich hervorbrachte, das mich birgt,
ein Angesicht hat,
daß es um mich weiß und mich liebt, daß ich
nicht austauschbar bin,
daß ich nicht verloren sein werde.
Wir glauben an Gott, den allmächtigen Vater.

Ich kann nicht denken,
daß die Menschen, mit denen wir leben,
nur Illusionen nachträumen und daß sie
um ihre Hoffnungen betrogen werden.

Ich erkenne in Jesus Christus
das Bild des Menschen. Ich sehe in seinem Leben,
daß es Wahrheit und Gerechtigkeit geben kann,
ich erkenne, wieviel Güte und Liebe möglich
ist und daß diese Möglichkeit
von keiner Gewalt gebrochen, ja selbst
durch den Tod nicht ausgelöscht werden kann.

Ich will glauben,
daß Jesus lebt, daß sein Wort auch heute
Menschen zum Leben ruft und befreit,
daß in ihm schon sichtbar ist,
was der Mensch der Zukunft sein wird,
und daß wir sein Erscheinen erwarten dürfen,
bis es aufleuchtet in allem.
Wir glauben an Jesus Christus, den Sohn, den Herrn.

Ich kann nicht denken,
daß es vor allem darauf ankommen soll,
seinen kleinen Vorteil zu haben.
Ich erkenne ja,
daß ich gebraucht werde, daß so viel zu tun ist.
Ich erkenne in mir – trotz aller
Schwachheit – den Anruf und das Verlangen,
mich einzusetzen, mich hinzugeben
für eine kommende, eine bessere Welt.

Ich will glauben,
daß der Geist Gottes sich durchsetzt
und eine neue Erde schafft. Daß Gott sich
ein Volk beruft, eine lebendige Kirche,
ausgesandt, seine Sache voranzutreiben,
Wahrheit zu vermitteln, Gerechtigkeit
zu schaffen, Hoffnung zu wecken
und das Glück für alle möglich zu machen.

Ich will glauben, daß diese Gemeinschaft
einmal die Menschen aller Rassen und
Religionen umfaßt, daß alle Ungerechtigkeit
und alle Schuld überwunden werden
auf das kommende und ewige Heil hin.

Wir glauben an den Heiligen Geist,
an die Kraft des göttlichen Lebens.« [12]

Schön erscheint mir ein für Kinder verfaßtes Glaubensbekenntnis von Heriburg Laermann:

»Ich glaube an Gott,
der Musik und Klang,
Schwingung und Rhythmus ist,

der sein Lied summt und singt in allem, was lebt.
Ich glaube an Jesus Christus,
in dem Gott sein Liebeslied
auf wunderbare Weise in dieser Welt
anstimmen und singen konnte.
Ich glaube,
daß Jesus Gottes Liebeslied sanft und zart,
kraftvoll und feurig in dieser Welt gesungen hat.
Ich glaube an Jesus,
der in uns allen etwas zum Klingen und Schwingen
bringt:
durch den alle Töne zur Melodie werden;
der uns einlädt,
mit einzustimmen in sein Lied für Gott und die Menschen:
in das Liebeslied des Lebens;
in das Lied von Tod und Auferstehung.
Ich glaube,
daß er uns einlädt zum Tanz, zum Fest der Auferstehung.

Ich glaube an den Heiligen Geist,
der tote Saiten in uns zum Klingen bringen kann;
der unser Gehör schärft;
der hilft, den richtigen Ton zu treffen;
dessen zarte Melodie uns einlädt,
in seinen Rhythmus einzuschwingen.
Ich glaube,
daß Gott durch ihn sein Lied in uns
und in dieser Gemeinde weitersingen will.« [13]

Irgendwo, ich weiß nicht mehr bei welcher Gelegenheit, fand ich ein »ökumenisches Glaubensbekenntnis«, das mir erwägenswert oder entwicklungsfähig scheint:

»Wir glauben an Gott, den Vater,
den Schöpfer der Welt,
der uns geschaffen hat als Frau und Mann,
der uns in die Freiheit stellt,
Leben zu erhalten, Frieden zu fördern,
Sorge zu tragen für den Bestand der Erde.
Daß die Menschen dieser Welt zusammengehören
in Gleichheit und Gerechtigkeit.

Wir glauben an Jesus Christus, unseren Herrn,
geboren als Mensch in Israel von Maria,
erwählt, mit seinem Leben Gottes Nähe zu bezeugen,
er verkündet den Armen die Parteinahme Gottes,
den Gefangenen Freiheit,
den Blinden, daß sie sehen,
den Unterdrückten Befreiung;
er litt, wurde gefoltert und getötet am Kreuz
von den Mächtigen unter Pontius Pilatus,
auferweckt zum Leben und zur Hoffnung für alle,
er befreit und eint uns weltweit,
ohne Rücksicht auf Entfernung,
inmitten kultureller und politischer Verschiedenheit
und entgegen aller Trennung
miteinander und füreinander zu leben,
und ruft uns zum dienenden Zeugnis.

Wir glauben an den Heiligen Geist,
die Kraft des neuen Lebens in Christus,
der auch uns und alle Verhältnisse ändert,
der uns reich macht mit Mannigfaltigkeit in Einheit,
der uns sendet mit dem Ziel,
alle Menschen in neuer Gemeinschaft zusammenzu-
bringen
durch ihn selbst,

den in Vielfalt einen Gott,
Vater, Sohn und Heiliger Geist.«

Erwägenswert auch ein Glaubensbekenntnis von Kurt
Marti, dem Schweizer Pfarrer und Dichter:

»Ich glaube an Gott
der Liebe ist
den Schöpfer des Himmels und der Erde

Ich glaube an Jesus
sein menschgewordenes Wort
den Messias der Bedrängten und Unterdrückten
der das Reich Gottes verkündet hat
und gekreuzigt wurde deswegen
ausgeliefert wie wir der Vernichtung des Todes
aber am dritten Tag auferstanden
um weiterzuwirken für unsere Befreiung
bis daß Gott alles in allem sein wird

Ich glaube an den Heiligen Geist
der uns zu Mitstreitern des Auferstandenen macht
zu Brüdern und Schwestern derer
die für Gerechtigkeit kämpfen und leiden

Ich glaube an die Gemeinschaft der weltweiten Kirche
an die Vergebung der Sünden
an den Frieden auf Erden für den zu arbeiten Sinn hat
und an die Erfüllung des Lebens
über unser Leben hinaus.« [14]

Schön ist auch das Lied von Peter Spangenberg, einem Pfarrer aus Schleswig Holstein:

»Ich glaube: Gott ist Herr der Welt,
der Leben gibt und Treue hält.
Er fügt das All und birgt die Zeit,
mein Vater in der Ewigkeit.

Ich glaube: Gott erwählte Christ
den Sohn, der unser Bruder ist;
weil seine Liebe allen gilt,
hat er sein Werk am Kreuz erfüllt.

Ich glaube: Gottes Schöpfermacht
hat uns den Ostersieg gebracht,
denn alles, was mein Glaube sieht,
spricht seine Sprache, singt sein Lied.

Ich glaube: Gott will Menschen sehn,
die ganz auf seiner Seite stehn.
Sein Abendmahl in Brot und Wein,
lädt alle Welt zur Hoffnung ein.

Ich glaube: meine Taufe weist
auf Gottes Wirken durch den Geist.
Ich seh im Spiegel seiner Schrift
die Wahrheit, die mein Leben trifft.

Wir glauben: Gott setzt Zeichen ein
und läßt uns die Gemeinde sein,
die bis zum Ende Treue hält,
zum Leben für die ganze Welt.« [15]

Es läßt sich nach derselben Melodie singen wie das ältere Lied von Rudolf Alexander Schröder.

Ich will aber auch gerne sagen, welches unter den neuen Glaubensbekenntnissen mir das beste von allen zu sein scheint. Es ist ein Gebet von Anton Rotzetter, einem katholischen Priester und Meditationsmeister:

»Du
Gott im Himmel oben
unbegreiflicher, ferner
Vater
wir beten Dich an.

Du
Gott auf der Erde unten
begreiflicher, naher
Jesus
wir lieben Dich.

Du
Gott in uns
begriffener, begeisternder
Geist
wir bezeugen Dich« [16]

Wenn ich zu entscheiden hätte, welches dieser Glaubensbekenntnisse künftig in unseren Gottesdiensten gesprochen werden sollte, dann würde ich dieses wählen.

Bei alledem ist festzuhalten, daß die Neuformulierung solcher Glaubensbekenntnisse heute noch dringender erscheint als in den sechziger Jahren. In jenen Jahren waren die Menschen unseres Landes noch weit eher geneigt als heute, eine ehrwürdige Formel, auch wenn sie nicht zu verstehen war, aus Respekt vor ihrem Alter mitzusprechen. Heute entfernt man sich lautlos aus dem Umkreis nur eben feierlicher Worte.

Und ich meine eben, man werde keine neuen Erdteile entdecken, wenn man nicht den Mut hat, die alten Küsten aus den Augen zu verlieren.

Aber die Worte allein können nicht alles sein, wenn es um Rühmung geht. Wir müßten heute, da wir aus der Sprache solcher alten Texte ausgewandert sind, auch das wortlose Ritual wieder neu lernen. Wir müßten vielleicht gerade, weil unsere evangelischen Gottesdienste praktisch aus Worten bestehen, das Fest wieder lernen, das Fest mit Begehungen, Gesten und Spielformen, mit Tänzen und schweigendem Gegenwärtigsein vor Gott. Vielleicht könnten wir dann aufs neue die Erfahrungen machen, die zu bekennen für uns möglich und sinnvoll würden.

10

Am Anfang steht das Erzählen

Aber wie entstehen solche neuen Ausdrucksweisen, solche neuen Aussagen einzelner Menschen? Ich meine, ihr Anfang liege darin, daß einzelne erzählen, was mit ihnen geschehen ist dadurch, daß ihnen das Evangelium begegnet ist, wie es ihnen begreiflich wurde und wie es sie verändert hat.

Ein wunderbar einfaches Beispiel dieser Art ist das Bekenntnis, das Helmut Gollwitzer 1970 in einer Runde von Vertretern der verschiedenen Weltreligionen abgelegt hat und das anzeigt, wie originell es dabei zugehen kann.

»Mein Leben ist bestimmt und ausgefüllt von einem Juden, der vor zweitausend Jahren gelebt hat, von dem wir historisch nicht sehr viel wissen und der zu einigen Menschen gesagt hat: Ich schicke euch wie Lämmer mitten unter die Wölfe. Dieses Wort hat merkwürdigerweise auch mich erreicht, und es schickt mich als ein Lamm unter die Wölfe und in diese wölfische Welt. ... Ich sage darauf zu ihm: Das will ich nicht. Denn erstens hat ein Lamm unter Wölfen keine Chance, und zweitens bin ich kein Lamm, sondern auch ein Wolf, genau wie wir alle mit all unseren schönen Worten. Ich bin ein Mensch, dem es um sich selbst geht, der ein begrenztes Maß an Mut, aber auch ein ziemlich unbegrenztes Maß an Feigheit hat, der als Europäer zur Zeit von der Ausbeutung der dritten Welt profitiert, ... der in Dahlem ein kleines Haus mit Garten bewohnt und der es gerne gut haben möchte. Ich bin genauso ein Wolf wie die anderen. Der Jude vor zweitausend Jahren, Jesus, bittet mich ..., ihm zu helfen in seiner Sache, die darin besteht, aus Wölfen Menschen zu machen und Kinder Gottes ... Da er merkwürdigerweise mich dazu gebracht hat, ihm dabei zu helfen, frage ich ihn schließlich noch: Wenn ich für dich da bin, wer ist für mich da? Darauf sagt er: Ich bin für dich da. Daß Jesus für mich da sein kann, für die Lämmer, die er unter die Wölfe schickt, so viel habe ich kapiert vom Evangelium.«[17]

Ein Text aus Frankreich, der erzählend sagt, was es heißt zu sagen: »Ich glaube«, tut dies auf eine andere eindrucksvolle Weise:

»Herr,
du hast mir immer das tägliche Brot gegeben,
und – ob auch in Armut – will ich sagen
wie heute: ich glaube.

Herr,
du hast mir immer die Kraft für morgen gegeben,
und – ob auch in Schwäche – will ich sagen
wie heute: ich glaube.

Herr,
du hast mir immer den Frieden für morgen gegeben,
und – ob auch in Angst – will ich sagen
wie heute: ich glaube.

Herr,
du hast mich immer in Prüfungen bewahrt,
und – ob auch im Leiden – will ich sagen
wie heute: ich glaube.

Herr,
du hast mir immer das Dunkel erhellt,
und – ob auch in Nacht – sage
ich heute: ich glaube.

Herr,
du hast immer zur rechten Zeit zu mir gesprochen,
und – trotz deines Schweigens – sage
ich heute: ich glaube.

Herr,
du bist mir immer als Freund treu gewesen,
und – trotz meiner Auflehnung – sage
ich heute: ich glaube.

Herr,
du hast mir immer deine Versprechen erfüllt,
und – trotz meiner Zweifel – sage
ich heute: ich glaube.«[18]

Solche Formen, wie sie in den letzten dreißig Jahren, wie
gesagt, in großer Zahl entstanden sind, zeichnen sich zu-
nächst einmal dadurch aus, daß sie gültig sind für die, die
an ihrer Entstehung beteiligt waren, und die, die ihnen
danach zustimmen können. Sie drücken die Verbindlich-
keit aus, die der Glaube bestimmter Menschen unserer
Kirche für sie selbst hat. Sie können also entweder das
ganze Feld abdecken, das den christlichen Glauben ausmacht, oder nur bestimmte, den betreffenden Menschen

besonders wichtige Einzelheiten am christlichen Glauben ausdrücken.

Wenn der Glaube eines Menschen in Sprache gefaßt wird, geschieht es sinnvollerweise meist in der Form des Erzählens. Ein Mensch hört nicht nur zu, wenn ein anderer predigt, sondern erzählt, was dabei in ihm selbst gewachsen ist. Er stellt seine Erfahrungen dem Gespräch mit anderen, er erfährt Kritik oder Bestätigung, und vielleicht können sich einige derer, die am Gespräch teilnehmen, auf ein gemeinsames Darstellen dessen, was ihnen wichtig ist, einigen. Sie anerkennen, was ihnen im Glauben eines anderen Menschen fremd ist. Sie freuen sich an Vielfalt, an Einfall und Anregung. Sie respektieren die Erfahrung des anderen, den Geist Gottes im anderen.

Es könnte durchaus sein, daß das Erzählen für die Kirche überhaupt als regulierendes Prinzip diente. Denn die Bibel lehrt nicht nur, sie erzählt vielmehr vor allem. So können wir auch bestimmte erzählende Bekenntnisse aus der Bibel zu Mustern nehmen. Etwas dies:

»Wenn du in das Land kommst,
das dein Gott für dich vorgesehen hat,
und du darin seßhaft geworden bist,
dann nimm von allen Früchten des Landes etwas,
lege es in einen Korb und geh in das Heiligtum.
Geh zu dem Priester, der dort waltet, und sprich:

›Ich bezeuge vor Gott, daß ich das Land bewohne,
das er für unsere Väter vorsah.‹
Dann soll der Priester den Korb
aus deiner Hand nehmen
und ihn vor dem Altar niedersetzen.
Du aber sollst vor Gott dieses Bekenntnis sprechen:

›Ein umherirrender Aramäer war mein Ahnherr.
Nach Ägypten zog er und war dort ein Fremdling,
und seine Familie war klein an Zahl.
Aber sie wurde zu einem großen, mächtigen Volk.
Die Ägypter bedrängten und quälten uns
und legten uns harte Arbeit auf.
Da schrien wir zu dem Gott unserer Väter.
Der hörte uns und sah unser Elend,
unsere Mühsal, unsere Bedrängnis
und führte uns aus Ägypten heraus
unter Schrecknissen und Wundern.
Er brachte uns an diesen Ort.
Er gab uns dieses Land,
das von Milch und Honig überfließt.
Und nun bringe ich dir hier
die ersten Früchte des Landes,
das Gott mir gegeben hat.‹«   5. Mose 26,1-10

Wie gesagt: Dieses alte Bekenntnis könnte bis zum heutigen Tag als Muster dienen. Denn es schildert nicht, was
alles man damals über den Gott Israels dachte oder wie
man sich ihn im Verhältnis zu anderen Göttern vorstellte,
die es für das Bewußtsein jener Zeit durchaus gab, sondern
es erzählt: Das und das ist uns widerfahren. Aus der und
der Not hat uns Gott gerettet. Das und das, was unser
Leben schön und lebenswert macht und für das wir dankbar sind, hat er uns geschenkt. Und das bekennt nicht ein
einzelner, sondern eine Gemeinschaft.

Analog könnte man aus dem Neuen Testament das
Bekenntnis des Paulus über seinen Glauben an die
Auferstehung Jesu heranziehen, das 1. Korinther 15, 3–10
zu lesen ist:

»Ich habe euch weitergegeben,
was ich auch empfangen habe:
Daß Christus gestorben ist für unsere Sünden
nach der Schrift
und daß er begraben worden ist,
daß er auferstanden ist am dritten Tage nach der Schrift
und daß er gesehen worden ist von Kephas,
danach von den Zwölfen.

Danach ist er gesehen worden
von mehr als fünfhundert Brüdern auf einmal,
von denen die meisten noch leben,
einige aber sind entschlafen.
Danach ist er gesehen worden von Jakobus,
danach von allen Aposteln.

Zuletzt ist er auch von mir gesehen worden,
von mir, einer Mißgeburt.
Denn ich bin der geringste unter den Aposteln,
der ich nicht wert bin, daß ich ein Apostel heiße,
weil ich die Gemeinde Gottes verfolgt habe.
Aber durch Gottes Gnade bin ich, was ich bin.
Und seine Gnade an mir ist nicht vergeblich gewesen,
sondern ich habe viel mehr gearbeitet als sie alle,
nicht aber ich, sondern Gottes Gnade, die mit mir ist.«

Vielleicht fällt uns beim Lesen solcher Worte auch ein, was eigentlich wir selbst über unsere religiöse Biographie sagen könnten. Wo und wie wir dem Evangelium zum erstenmal begegnet sind, über welche Umwege wir dabei gegangen sind, was sich uns bewährt hat, mit was wir nicht zurechtgekommen sind und bei welchem Stand unseres Verstehens und Bejahens wir vorläufig ankommen.

Was könnte denn an Gedanken und Empfindungen aus einem Menschen hervorgehen, der über seinen eigenen Glauben und nicht über den anderer Leute Auskunft geben will?

Es könnte eine Art Zugehörigkeitserklärung sein: Ich freue mich, daß ich zu denen gehöre, denen das Evangelium gilt. Ich gehöre zu den Kindern Gottes, die sich hier versammeln. Ich gehöre zur Kirche und will weiter zu ihr gehören, obwohl mich immer wieder vieles an ihr stört.

Es könnte eine Art Liebeserklärung sein: Ich liebe Gott. Ich versuche es wenigstens. Ich liebe Jesus. Ich möchte alle lieben, die mit mir in dieser Kirche stehen.

Es könnte eine Art Dankbarkeitserklärung sein: Ich danke Gott, daß er mein Leben in seiner guten Hand hält. Ich danke allen, die mir hier schon freundlich begegnet sind. Ich danke auch für alle mit, die in diesem Kreis schon Trost und Hilfe erfahren haben, Bejahung, Befreiung und Entlastung.

Es könnte auch eine Art Toast sein, wie man ihn an einer festlichen Tafel spricht: Ich freue mich, daß dieser Tisch auch für mich gedeckt ist. Ich freue mich mit jedem, der hier mit mir ißt und trinkt. Ich freue mich und möchte dazu helfen, daß, was wir hier miteinander tun, uns zu einem Fest wird.

Jedenfalls muß, was da gesagt wird, in den Rahmen eines Fests passen und sollte nicht den Geist einer Schulstunde aus dem 19. Jahrhundert atmen, der ein gestrenger Schulmeister mit Stock und prüfendem Blick vorsteht.

Ein sehr charakteristisches Beispiel für eine Frage und eine Antwort dieser Art fällt mir aus meiner Studienzeit ein. Einer meiner sehr verehrten Lehrer war der Philosoph und Pädagoge Eduard Spranger, ein nobler Preuße von großer Klarheit. Als er einmal durchblicken ließ, er verstehe sich als Christ, stellte ich ihm die damals für mich wichtige Frage: »Herr Professor, auf welche Weise sind Sie ein Christ geworden?« Da schaute er mich mit einem feinen Lächeln an und sagte: »Das ging so: Ich war ein Schüler am Gymnasium in Steglitz. Wir schrieben eine Klassenarbeit. Als ich abgegeben hatte, merkte ich, daß ich einen Fehler gemacht hatte. Da betete ich: ›Lieber Gott, mach bitte, daß der Lehrer ihn nicht merkt.‹ Der Lehrer merkte ihn nicht. Und seitdem bin ich ein Christ.«

Was mir Spranger damals, wie ich es heute verstehe, sagen wollte, war dies: »Diese Frage darf man stellen, aber man ist nicht verpflichtet, sie zu beantworten. Es gibt Dinge, die zu verletzlich und zu kostbar sind, als daß man von ihnen reden könnte.« Und das gilt wohl auch neben allem offenen Bekennen: Daß das Letzte verborgen bleiben darf. Daß es Erfahrungen gibt, von denen man nicht reden kann und nicht zu reden braucht. Und daß es eines Anlasses bedarf, wenn wir sie dennoch einmal in Worte zu fassen wagen. Im Grunde bedarf es nicht wie damals eines beiläufigen Gesprächs, sondern eines Fests.

Aber dann kann es doch einmal geschehen, und es wäre gut, wenn es öfter geschähe, als es geschieht, daß eine oder einer anfängt, zu erzählen:

Da sagt zum Beispiel einer: Ich habe im Lauf meines Lebens zweimal eine Erfahrung gemacht, die mich ganz nah berührt hat. Da war mir Gott unbeschreiblich nahe. Und seitdem glaube ich an Gott. Seitdem auch verehre ich Jesus Christus. Und ich kann mir etwas vorstellen unter dem Heiligen Geist. Ich weiß nicht viel von dem, was in der Bibel steht, aber ich glaube an Gott.

Ein anderer erzählt: Ich bin in einem frommen Haus aufgewachsen. Daß ich mein Leben vor Gott führe, ist mir selbstverständlich. Ich lese in der Bibel. Ich höre darin Gott reden. Und ich versuche, mit meinem Leben die Antwort zu geben. Mir ist wichtig vor allem, daß ich Jesus Christus nah bei mir habe. So nah wie einen Bruder.

Ein dritter sagt: Ich habe überhaupt keine christliche

Herkunft. Aber ich kam im Lauf meines Lebens dazu, zu sagen: Es geht besser mit christlichem Glauben als ohne. Darum gehe ich in den Gottesdienst. Ich glaube an Gott, weil ich Jesus zutraue, daß er mehr wußte als ich und daß zutrifft, was er über Gott sagt. Ich rede nicht viel über meinen Glauben, aber hinten, ganz hinten in meinem Kopf ist eine kleine Ecke, in der etwas sitzt wie ein christlicher Glaube.

Ein vierter sagt vielleicht: Ich glaube, daß wir Menschen eine klare Ordnung brauchen, wenn nicht alles zusammenbrechen soll. Man kann eine Familie oder ein Dorf oder eine Stadt besser in Ordnung halten, wenn man zum Beispiel die Zehn Gebote hat oder andere christliche Vorschriften. Und weil eine solche Ordnung einen religiösen Hintergrund braucht, darum glaube ich an Gott als die ordnende Instanz.

Ein fünfter: Was heute verlorengeht, sind feste Überlieferungen. Früher war alles besser, als die Leute noch Orientierung an den Traditionen hatten. Darum bejahe ich das Christentum. Es ist eine der letzten Instanzen, die Orientierung geben.

Ein sechster: Ich möchte nicht allein sein. Ich brauche eine Gemeinschaft, die mich trägt und hält. Das Christentum bietet mit seinen Kirchen eine solche Gemeinschaft. Darum gehöre ich dazu. Ich habe so viel Schreckliches erfahren. Ich möchte den Trost dieser Gemeinschaft nicht missen.

Oder ein siebter: Ich lese in der Bibel, und vieles davon überzeugt mich. Zum Beispiel das mit der Auferstehung. Ich möchte sicher sein, daß ich nach meinem Tode das Leben finde.

Dies oder ähnliches könnte der hören, der die vielen einzelnen Glieder einer Kirche in Deutschland zum Sprechen brächte. Er könnte es enttäuschend finden, denn nur selten wird er der Tatsache begegnen, es glaube jemand im Sinne des Apostolikums an den dreieinigen Gott.

Erfahrungen färben den Glauben des einzelnen ein. Die Erfahrungen aus einem Krieg oder aus einem langen Berufsleben. Wege spiegeln sich darin: ein normaler Entwicklungsgang, schrittweise, hin zu einem christlichen Glauben. Oder ein plötzlicher Umschlag, eine Umkehr, eine alles erfassende Bekehrung.

Diese Bekenntnisse sagen nicht dasselbe, oft nicht einmal Ähnliches. Aber uns Menschen ist nie das Ganze der Wahrheit anvertraut, sondern immer nur ein Aspekt oder mehrere Aspekte. Und es kommt wohl darauf an, daß wir von dem Aspekt aus, der sich uns erschlossen hat, den Aspekt achten, den ein anderer gesehen hat. Denn mehr, als daß wir nach dem leben, was sich uns erschlossen hat, ist nicht von uns verlangt.

Es wird dabei freilich deutlich, daß die sehr unterschiedlichen Lebens- und Glaubenserfahrungen vieler Menschen versammelt sind, wenn wir im Gottesdienst stehen, und daß es ein gemeinsames Bekennen eigentlich nicht geben kann. Vielleicht ist heute wirklich das Ende des gemeinsamen Glaubensbekenntnisses gekommen. Und vielleicht tritt an seine Stelle wirklich das Erzählen des einen zum anderen hin in einer Gruppe. Und vielleicht zeigt sich, daß vieles als gemeinsam, als verbindend angesehen werden kann, das auf den ersten Blick sehr verschieden aussieht.

Die Gemeinschaft muß den einzelnen mit seiner speziellen Erfahrung auffangen, ihn aufnehmen. Vielleicht zeigen sich dann die Unterschiede sogar als die verschiedenen Gaben des Geistes, von denen Paulus spricht, und vielleicht wäre es gar nicht gut, wenn wir sie vereinheitlichten.

Was uns das Leben, das gemeinsame, schwermacht, ist oft die Angst vor der Störung unseres eigenen Glaubens. Wäre er fest und verläßlich, wäre die Angst unnötig. Kommt aber ein Gespräch über den Glauben zustande – ich meine nicht ein Gespräch unter der Leitung eines, der alles am besten weiß, sondern ein Gespräch unter den Christen, die zusammenkommen als freie Menschen –, dann ist ein entscheidender Schritt getan hin zu einer wirklichen Kirche.

Daß der Kirche mit ihrer uralten Tradition ein Reichtum anvertraut ist, den man nicht voreilig zum Müll wirft, ist klar und selbstverständlich und braucht nicht betont zu werden. Was der Geist Gottes im Lauf von zweitausend Jahren in seiner Kirche gewirkt hat, was da an Gedanken und an Taten durch ihn geweckt worden ist, das festzuhalten ist heute nötiger als je, in einer Zeit, in der so viel, was früher gegolten hat, sehr zu unserem Schaden verlorengeht. Aber die Tradition – und auch die Bibel gehört ja zu ihr – ist ein Reichtum für uns nur, wenn wir zugleich wissen und glauben und damit Ernst machen, daß der Geist Gottes, der seit den Tagen der Bibel unzählige Menschen begleitet und beflügelt hat, erfüllt und getragen, der ihnen durch die Jahrtausende hin immer und immer wieder und je auf neue und besondere Art gesagt hat, wem oder was wir glauben und vertrauen dürfen, – daß dieser Geist Gottes heute noch zu uns spricht wie zu unseren Vorfahren, vielleicht anders als zu anderen Zeiten, aber klar und eindeutig und in der Linie seines bisherigen Sprechens. Wir dürfen also den Mut haben, zu sagen: Nicht, was andere Menschen vor tausend oder fast zweitausend Jahren geglaubt und formuliert haben, ist das, was wir heute bekennen sollen. Wir dürfen selbst und neu formulieren, was uns am Herzen liegt, was wir verstanden haben, wer uns führt und wohin wir mit unserer ganzen Erde gehen. Wir sagen damit nichts anderes, als daß Gottes Geist in unserer heutigen Kirche noch am Werk ist. Ist er das nicht, ist er abwesend, dann hat es auch wenig Sinn, ihn in einem alten Glaubensbekenntnis zu nennen. Und wenn die Entmutigung unserer Kirche soweit schon fortgeschritten sein sollte, daß sie ein eigenes Wort nicht mehr wagt, daß sie sich nicht mehr dazu aufraffen kann, neu zu sagen, was zu sagen ist, so können wir es doch in jeder beliebigen Gemeinde versuchen. Wir setzen uns zusammen und formulieren gemeinsam mit unseren eigenen Worten, sprechen in unserem gemeinsamen Gottesdienst, was wir glauben und bekennen wollen, und lassen uns diese Freiheit der Kinder Gottes nicht nehmen. Denn ein Gemeindebekenntnis ist keine Vorschrift, an die der einzelne angepaßt werden soll, es muß vielmehr Raum haben für sehr verschiedene Gedanken, für viele verschiedene Erfahrungen, und vor allem: Es muß Raum haben für den Anfänger, für den geistig Einfachen unter den Nachdenklichen und für den Zweifler. Denn in wem – und in welchem Pfarrer – sind nicht immer auch der Anfänger, der Zweifler und der Nichtverstehende? Es ist doch das Recht eines jeden, an allem zu rütteln und zu prüfen, ob es auch feststeht, an allem zu kratzen, ob der Lack nicht doch abgeht, und auf alles zu treten, ob es nicht doch einbricht. Der Zweifler in uns hat sein eigenes und bleibendes Recht, und nicht der Zweifler in uns macht uns zum Ungläubigen, sondern viel eher der Gedankenlose, der Selbstherrliche oder der Rechthaber.

Wir verfehlen ohnedies den christlichen Glauben gründlich, wenn wir meinen, er bestehe darin, daß einer das und das glaubt, die und die Sätze, die und die Wahrheiten. Glaube ist nicht ein Wissen und ein Zustimmen, er ist die Beziehung zu einem Du. Er bekennt, wenn er denn etwas bekennen will, daß da eine Beziehung ist, daß da eine Beziehung immer neu entsteht zwischen Gott und ihm, daß da ein Vertrauen, eine Nähe ist zwischen Jesus und ihm, zwischen den Menschen um ihn her und ihm und auch zwischen ihm selbst und ihm selbst. Ein Einvernehmen. Eine Bejahung. Glaube ist ein Vertrauensverhältnis zu

Gott. Zu dem Gott, der mein Vertrauter ist, auf den ich mich auch dann verlassen kann, wenn ich von aller Welt verlassen bin, ja auch, wenn ich selbst von allen guten Geistern verlassen bin, und selbst dann, wenn mir scheint, ich sei von ihm, von Gott selbst, verlassen.

Glaube, wie wir Christen ihn verstehen, ist das Wagnis, sich auf ein Gegenüber einzulassen und mit ihm zu leben. Auf das Gegenüber zu einem ansprechbaren und hörenden Gott, auf das Gegenüber zu dem Jesus Christus, der uns Gott gezeigt und uns den Weg zu ihm eröffnet hat, auf das Gegenüber auch zu vielen unbequemen und unhandlichen Menschen, auf das ehrliche Gegenüber auch zu mir selbst und auf einen freundlichen Umgang mit mir. Glaube ist die Festigkeit, mit der ich zu anderen stehe, die Aufmerksamkeit, mit der ich auf meinen Weg achte, die Sorgfalt, mit der ich mein Ziel ansteuere. Glaube ist die Bejahung der Wirklichkeit, in der ich stehen und handeln soll, der Bestimmung, die mir gesetzt ist, des Auftrags, den Gott mir mitgegeben hat, auch des Orts und der Zeit, an dem und zu der ich zu leben habe. Glaube ist die bewußte Einflechtung meines Daseins in den Willen Gottes und in die vordergründige und übersichtliche, aber auch die hintergründige und unergründliche Wirklichkeit meines Daseins. Christlicher Glaube ist das Vertrauen, mit dem ich der Liebe Gottes antworte, die Dankbarkeit, mit der ich reagiere, und das bewußte Tun, in dem ich versuche, eins zu werden mit dem Willen Gottes, den mir Jesus Christus gezeigt hat.

Ich werde also, wenn ich solchem Glauben Ausdruck gebe, nicht Fakten herzählen, die ich für zutreffend halte, sondern sagen, warum und aufgrund welcher Erfahrung ich mit meinem Dasein einverstanden bin, warum ich so und nicht anders lebe und handle, in welcher Art von Beziehungen ich stehe und auf welches Ziel und Ende ich mein Leben hinauszuführen gedenke.

11

Wie würde ich selbst berichten?

Soll ich also zum Beispiel erzählen, was mir im Lauf von langen Jahrzehnten begegnet ist, was mir wichtig war, was mich bestimmt hat und für was ich Gott danke, dann wird eine ganze Lebensgeschichte daraus.

Wenn ich zurückdenke und mich frage, wie ich zum christlichen Glauben gekommen bin, dann sehe ich am Anfang meine Mutter, die eine fromme und sehr entschiedene Frau war. Ich sehe sie an meinem Bettchen sitzen, als ich ein oder zwei Jahre alt war, und über mir beten. Obwohl ich mich daran nicht erinnern kann. Ich war zwei Jahre alt, als sie starb. Mein Vater hat mir sehr früh Geschichten aus der Bibel erzählt, und das war wichtig, obwohl ich davon nichts mehr weiß. Später gab es dann und wann einen glaubwürdigen Lehrer, mit dem ich reden konnte. Kindergottesdienst, Jugendgruppe waren Stationen. Später, als das Hitlerreich da war, hörte ich von einem Pfarrer, der christliche Glaube habe sich von dem Glauben an Hitler und an das Deutsche Reich zu unterscheiden. Als Krieg war, erlebte ich Bewahrungen unglaublicher Art, die ich damals schon als Zeichen von Gott empfand. In der Gefangenschaft traf ich Menschen, die mir ihren Glauben vorlebten und mir bei meinen Versuchen, mich auf ihn einzulassen, halfen. Ich las in der Bibel, die irgendeine Kirche für mich gedruckt hatte, und fand, es gehe mich etwas an, was ich da las. Ich feierte in ihren Gottesdiensten mit und fühlte mich in ihnen aufgenommen und bejaht. An der Universität später traf ich immer wieder auch Lehrer, die mir meine bohrenden Fragen geistlich beantworten konnten.

Nach allem glaube ich, daß ein solcher Weg und eine Folge solcher Begegnungen weniger mit meinen eigenen Bemühungen zu tun haben, als vielmehr mehr mit Geschehnissen, die mir – gnadenhaft – zuteil wurden. Wer hat es schon in der Hand, wen er als Vater oder Mutter hat oder wem er im Lauf seines Lebens begegnet? Ich glaube also, daß es der Geist Gottes war, der mir Menschen zugeführt, und vor allem, der auch meinen eigenen Gedanken die Richtung gegeben hat. Ich wäre von mir allein her kaum auf die Idee gekommen, den Mann aus Nazaret mit seinem vergeblichen Leben und seinem schrecklichen Ende zum Leitstern meines Lebens zu machen. Ich glaube also an eine Führung durch den Geist Gottes, an eine Erleuchtung, die nicht von meinem inneren Licht ausging, an eine schöpferische Kraft, die in mir und für mich am Werk gewesen sein muß, bis ich am Ende sagen konnte: Ich wage es mit Jesus. Er soll mein Leben bestimmen.

Dieser Geist hat mich mit wildfremden Menschen verbunden. In der Gemeinschaft mit ihnen hörte ich Gottes Stimme, in ihr begegnete mir der Sinn und Auftrag meines Lebens. Sie verbindet mich mit allen Christen, aber im Grunde auch mit allen Menschen auf dieser Erde. Sie verband mich mit den Menschen, die mein Wort, meine Hilfe und meine Nähe brauchten. Sie verbindet mich nach wie vor auch mit allen Geschöpfen dieser Erde, die alle aus der schöpferischen Kraft des Geistes Gottes kommen, denn der Geist Gottes ist ja die Kraft in der Welt, aus der alles ist, was ist, aus der alles lebt, was lebt, die alles durchzieht, alles durchwirkt, alles miteinander verbindet. Er ist die schöpferische, lebenschaffende und verbindende Kraft in dieser Welt.

Wenn der Geist Christen miteinander verbindet, sprechen wir von der Kirche. Ich erkenne sie daran, daß in ihr von Jesus Christus die Rede ist. Ich kenne sie an der Taufe, das heißt daran, daß sie das Zeichen des Wassers mit dem Wort von Jesus verbindet. Ich erkenne sie am gemeinsamen Mahl, an den Zeichen von Brot und Wein, die uns von Jesus und seinem Weg erzählen. In ihr habe ich meine Arbeit getan, und ich möchte weiterhin zu ihr gehören. Denn die Kirche, die Gemeinschaft der Heiligen, das ist das herrschaftsfreie, lebendige, vom Geist Gottes erfüllte Netz von Menschen auf dieser Erde.

Wenn ich als einer, der viel gehört hat, fähig war, meine Antwort zu geben, dann war es der Geist Gottes, der mir dazu die Stimme gab. Es war Gottes Geist, der mir die Augen öffnete, damit ich sah, was zu tun war. Es war Gottes Geist, der mich fähig machte, in Jesus mehr zu sehen als einen beliebigen Menschen. Es ist Gottes Geist, der mich bis heute mit allen denen verbindet, die sich gleich mir entlastet, geheilt und ermutigt wissen von der Stimme Gottes. Es wird Gottes Geist sein, der sie und mich dazu befähigt, dann und wann etwas zu tun, das seinem Willen nahekommt. Es wird Gottes Geist sein, der mir meinen Weg zeigen wird auch in der Zukunft und bis an mein Ziel und der mir am Ende aufs neue die Augen öffnen wird, wenn ich ihn schauen soll. Und es ist sein Geist, der mich aufruft, schon auf dieser Erde mit vielen anderen zusammen Gott zu danken, ihn zu preisen und seinen Segen an andere Menschen weiterzugeben.

Ich würde meinen Kindern gegenüber heute, wenn ich ihnen sagen sollte, wer Gott sei, nicht mehr mit Gott, dem Vater, anfangen. Das mag später hinzukommen. So überzeugend sind die Väter für Kinder heute in aller Regel nicht, daß sich an ihrem Bild darstellen ließe, wer Gott sei. Kein Kind aber kommt bei dem Gleichnis von Gott, dem »Vater«, am Bild seines eigenen, konkreten Vaters ganz vorbei.

Ich würde ihnen heute auf Spaziergängen erzählen, was alles in jedem Blatt und in jedem Halm geschieht. Wie alles voll Leben ist, voll Phantasie, voll von Gedanken. Ich würde ihnen heute die große erfindende Kraft schildern, die zwischen jeder Rippe eines Blatts und der nächsten am Werk ist, in den Farben an einem Vogel, im Fell eines Eichhörnchens oder im Moos an einem Felsen. Ich würde von einer Kraft reden, von einer alles durchwirkenden Energie und würde sie ihnen an vielen einzelnen Beobachtungen zeigen. Dann würde ich ihnen von Jesus erzählen, von dem es so viel zu erzählen gibt und der gesagt hat, in alle dem und auch in uns selbst sei die Kraft Gottes am Werk, dies alles und vieles, das wir nicht wissen, sei die Phantasie und die Energie Gottes. Und zu diesem Gott dürften wir »Vater« sagen. Sein Geist sei es, der in allem wirkt. Und damit wäre ich wieder am Anfang meines Erzählens und könnte meinen Weg noch einmal neu beginnen.

Den Glauben an den »Heiligen Geist« halte ich für ein Thema, um das wir heute unsere Gespräche besonders aufmerksam kreisen lassen sollten. Es gehörte in der Zeit, als ich studierte, zu den ausgesparten, von denen besonders wenig zu hören war. Es wurde in der Kirche und in der Theologie fast völlig übergangen ebenso wie auch unser Glaube an Gott, den Schöpfer, fast völlig übergangen wurde. Entsprechend hielt man nichts von religiösen Erfahrungen und wußte auch über das Wesen der Kirche nichts wirklich Konkretes zu sagen. Wir werden aber gerade heute der Glaubenserfahrung vieler einzelner wieder mehr zutrauen, ihre Gedanken und ihre Inspiration ernst nehmen müssen. Denn sie sollen ja ihre Lebensgeschichte in ihren Dank einbringen und ihre Leidenserfahrung in die gemeinsame Klage.

Normalerweise reden wir in der Kirche vom Heiligen Geist weniger in der Gegenwart als in der Zukunft, und das stört mich schon lange. Wir beten: »Sende deinen Heiligen Geist«, als wäre er nicht gegenwärtig. Wir sagen: »Komm, Heiliger Geist!«, als wäre er weiß wo abwesend, und wir wundern uns überhaupt nicht, wenn er dann nicht kommt. Warum bitten wir nicht: Mach unsere Augen auf, mach uns so aufmerksam und so feinfühlig, daß uns aufgeht, wie nahe er uns ist? Um uns her und in uns. Denn daß es gar keine Gemeinde gäbe, die so rufen könnte, wenn er nicht jeden Tag in ihr seine Arbeit täte, das wird kaum gesagt. Wo bleibt der Dank, der mit dem Lied sagt: »Du gabst uns deinen Heiligen Geist«? In seinem ersten Gottesdienst in Nazaret sagt Jesus: »Der Geist ist über mir. Er hat mich berufen.« Und er bekennt, dieser Geist Gottes zeichne ihm seine Lebenslinie vor, hin zu den Armen, den Gebundenen, zu denen, die kein Licht haben. Darf das eine Kirche nicht nachsprechen? Dürfte sie es wirklich nicht, so wäre wohl ihr Bekenntnis zum Heiligen Geist, an den zu glauben sie behauptet, wie Paulus sagen würde, »eitel«, das heißt nichtig. Hätte es dann noch Sinn, wenn wir mit Luthers Erklärung zum dritten Artikel sagten: »Ich glaube, daß ich nicht aus eigener Vernunft noch Kraft an Jesus Christus, meinen Herrn, glauben oder zu ihm kommen kann, sondern der Heilige Geist hat (!) mich durchs Evangelium berufen, mit seinen Gaben erleuchtet und im rechten Glauben geheiligt und erhalten...«?

Wenn das alles so ist, dann weiß ich, daß ich auf die Liebe Gottes nicht so antworten kann, daß meine Antwort seine Liebe wert wäre, sondern nur so, daß ich sie mir gefallen lasse. Meine Antwort kann nur der Glaube sein, den Gottes Geist in mir weckt. Und ich kann auch wissen, daß aus diesem meinem Glauben, wenn ich ihm nichts in den Weg lege, all das hervorgehen wird, wozu Jesus mich aufruft: Liebe und Zuversicht, Verantwortung für mich und andere Menschen und Mitübernahme von Leid und Elend, das in dieser Welt um mich her gelitten wird.

Das alles gibt mir den Mut, in Jesus Christus mehr zu sehen als in anderen Menschen. Er ist die Stimme, mit der Gott mich anspricht. Er ist das Gesicht, mit dem Gott mich anschaut. Und wenn ich mir Gott vorstellen will, dann sehe ich auf die Gestalt dieses Jesus. Ich versuche, den Weg zu gehen, den er mich weist. Ich höre ihn. Ich lasse mir sagen, was er für mich getan hat, und danke ihm.

Und so komme ich, auf dem Weg über den Geist Gottes, in den zweiten Artikel, den von Jesus Christus. Denn wie komme ich dazu, nun Gott zu vertrauen? Wem will ich glauben, daß Gott sich mir gegenüber wie ein Vater verhalte? Ausdenken kann ich mir das nicht. Aber es hat einer so von ihm geredet, und ich nehme es ihm ab: jener Mann, der vor zweitausend Jahren in Galiläa und Jerusalem gelebt hat, dem ich glaube, daß er mehr von Gott wußte, als ich von ihm weiß. Er hat über Gott keine Philosophie geschrieben und auch kein dogmatisches Lehrbuch, sondern, was er von Gott sagen wollte, einfach mit den Menschen zusammen gelebt. Er war ihr Bruder, er kümmerte sich um die Ärmsten, er nahm ihnen die Last ihrer moralischen Zwänge ab, er heilte ihre Verwundungen und Gewissensängste, er machte sie zu freien Kindern Gottes und erlaubte ihnen, glücklich zu sein. Er gab ihnen den Mut, es mit dem Leben aufzunehmen, und befähigte sie zu tun, wozu er sie anleitete.

Was er tat, tat er in Gottes Auftrag. In ihm, so glaube ich, war Gott am Werk. Was darum Wahrheit ist, höre ich von ihm. Was der Sinn meines Lebens ist, nehme ich ihm ab. Wie Menschen zusammenleben sollen, ohne Herrschaft, ohne Über- und Unterordnung, als Schwestern und Brüder, das höre und sehe ich an dem, was er gesagt und getan hat. Ich glaube also auch, daß er mir selbst meine Lasten abnehmen wird, worin immer sie bestehen mögen. Wenn ich mit seinen Augen auf meinen Weg zurückblicke, dann erkenne ich, daß eine große Liebe mich begleitet hat, die ich mir auf keine Weise hätte verdienen können, und das, obwohl ich unablässig gegen die Liebe gelebt und gehandelt habe.

Und das sage ich, obwohl ich auch Zeiten in meinem Leben gehabt habe, in denen ich nur noch mit dem Kopf wußte, was christlicher Glaube sei, und wo alles Erleben und Erfahren sehr fern war. Denn es gibt ja auch das Schweigen Gottes. Es gibt die Stummheit, mit der wir dem schweigenden Gott antworten. Es gibt ja auch das Nichtverstehen, das Aufbegehren, den Überdruß an der Unbegreiflichkeit dessen, was uns in dieser Welt begegnet. Die Schwierigkeiten, ein Wort zu finden, mit dem wir für unser Dasein danken könnten und die vage Hoffnung, es möge doch irgendwann einmal etwas geschehen, das mich in Bewegung bringt in Richtung auf etwas wie Glauben.

Und ich sage es, obwohl ich das unermeßliche Leid sehe, das nicht nur wir Menschen, sondern mit uns alle lebendigen Wesen erleiden. Ich sage es, obwohl ich die Liebe Gottes weder in der Schöpfung noch in der Geschichte ablesen kann. Ich sehe das Leiden, und ich glaube die Liebe. Und ich weiß, daß an den Grenzen meines Verstehens dieses Paradox immer stehenbleiben wird. Ich sehe die Ungerech-tigkeit, die Zerstörung kostbarer Dinge und Wesen, und ich glaube an die Gerechtigkeit. Ich sehe meine eigene Kargheit und empfinde die Kälte, die von mir ausgeht, und glaube doch an meine eigene Erlösung. Ich sehe das Kreuz des Christus und in ihm das Kreuz aller Kreatur, und ich glaube das Leben.

Und ich begreife es, manchmal mit großer Mühe, wenn ich die Schicksale von Menschen um mich her sehe. Wie kann ich es einem Wohnsitzlosen begreiflich machen, einem jugendlichen Straffälligen, der schon in einem Heim aufwuchs, einem Langzeitarbeitslosen, einem Asylbewerber? Wie kann ich zu ihnen allen anders verstehbar und glaubwürdig von Gott reden als dadurch, daß ich ihnen die Lebens- und Leidensgeschichte Jesu zeige und den Ort in ihr, an dem ihr eigenes Schicksal spielt?

Ich höre, Jesus Christus sei »für mich« gestorben. Was fange ich damit an? Nichts, solange ich mich nur in der Rolle des verlorenen Sohnes sehe, des müden Heimkehrers, der immerhin das Haus des Vaters wiederfindet, und nicht in der Rolle seines Bruders, des Rechtschaffenen, der ihm gerne die Liebe des Vaters vorenthalten möchte. Daß ich trotz dieser meiner unübersehbar schrecklichen Rolle des »älteren Bruders« dennoch in die Liebe Gottes heimkommen darf, dafür hat Christus mir die Augen geöffnet. Dafür hat er sein Schicksal durchgestanden.

Denn Jesus brachte die Liebe und wurde von der Lieblosigkeit abgedrängt. Er brachte die Wahrheit und starb an der Lüge. Er hat sich aller erbarmt, die ihn brauchten, und starb an einem brutalen Urteil. Er hatte den Menschen den Weg zum Leben gezeigt und endete in einem grauenvollen Tod. Er hatte ihnen ihre Verschuldungen abgenommen und wurde vom Verbrechen erdrückt. Er hatte gezeigt, wie wir Menschen mit unserem »allgemein menschlichen« Tun und Treiben nicht das Leben, sondern den Tod verdienen, und nahm den Tod, den wir verdienen würden, auf sich. Ich lese von dem dritten Tag danach, dem beklommenen, dem Tag, an dem für die Seinen alle Hoffnung mit ihm zusammen im Grab lag. An jenem Tag brach das Leben durch den Tod. Die Seinen hörten ihn reden, sahen ihn in einer neuen Gestalt, erlebten, daß er bei ihnen war, und das nicht, weil die Erinnerung an ihn so stark war oder ihr Bedürfnis nach Trost so dringend, sondern weil er lebte. Weil seine Kraft aus Gott war, der die Toten zum Leben ruft. Und sie begriffen, daß dieser Jesus Christus nicht nur während seines Lebens auf dieser Erde das entscheidende Wort hatte, sondern daß er bis ans Ende der Welt das Maß abgeben wird, an dem wir messen können, ob es sich gelohnt hat, daß wir gelebt haben, daß er das letzte Wort haben wird, wenn es darum geht, ob wir das Reich Gottes, das seine große Botschaft war, erreichen. Und das habe ich mit den Jüngern von damals zusammen begriffen.

Ich würde das Leben insgesamt in dieser Welt für absurd halten, wenn es da nicht diesen Mann aus Nazaret gäbe, der mir sagt, was auf dieser Erde geschehen kann, damit alles am Ende zu einem guten Ziel kommt.

Weil also dieser Jesus mir glaubwürdig von Gott geredet hat, glaube ich an Gott. Er hat mir Mut gemacht, in Gott nicht ein anonymes Weltgesetz, eine erste Ursache oder ähnliches zu sehen, sondern ein Gegenüber, zu dem es möglich und erlaubt ist, »Vater« zu sagen. Ich glaube also, daß es eine große segnende Kraft gibt, die mir zugetan ist wie ein Vater und eine Mutter es ihren Kindern sind. Daß diese mütterliche oder väterliche Kraft aber Ursprung, Lebendigkeit und Zukunft dieser Welt überhaupt sei.

Ich glaube also, daß ich niemals so weit von Gott weglaufen kann, daß es nicht einen Rückweg gäbe, daß ich nie so tief fallen kann, daß ich nicht von seiner Hand aufgefangen würde, daß ich mich nie so fest an mir selbst festhalten kann, daß mich seine Güte nicht noch von mir frei machen könnte. Daß ich mich niemals so schrecklich in die Irre verlieren könnte, daß Gott mich nicht zurückholen wollte. Und wenn ich in einen Zustand gerate, der so ist, daß ich mich selbst hasse oder verachte, bleibt mir doch die Liebe

Liebe Gottes und finde ich den Weg nach Hause. Er ist mir nahe, näher, als ich selbst mir bin. Er sieht mich, er hält mich in der Hand. Er ist wie die Luft, die mich umgibt und von der ich das Leben habe.

Von diesem Gott nehme ich die Weisung für mein Leben an. Das zentrale Wort, mit dem Jesus seinen Willen ausdrückte, war das Wort »Gerechtigkeit«. Damit sie für Gerechtigkeit, also für das Reich Gottes, wirkten, hat Jesus seine Mitarbeiter berufen. Der Weg zur Gerechtigkeit aber ist nicht das Recht, sondern die Barmherzigkeit. Ich soll mich also um die kümmern, die unter der Ungerechtigkeit von Menschen leiden. Ich soll für die Benachteiligten einstehen gegen die Bevorrechteten. Ich soll für die Armen eintreten gegen die Reichen, ich soll den Kranken Leibes oder der Seele nahe sein und mir ihre Heilung angelegen sein lassen. Ich soll denen, die nach menschlichem Maß böse sind oder gefehlt haben, verzeihen und beistehen. Ich soll über die ganze Völkerwelt hinblickend nach denen suchen, die unter Unrecht leiden, die am Hunger zugrunde gehen, und soll nicht nur für sie spenden, sondern soll die Regeln aufspüren, nach denen die Reichen die Armen auspressen, die Systeme aufdecken, die sie ausbeuten, die Unrechtsstrukturen in Politik und Wirtschaft, die auch mir selbst meinen Wohlstand und mein schönes Leben ermöglichen. Und ich soll das mit allen anderen in meiner Kirche zusammen tun. Gerechtigkeit ist der erste Wille Gottes.

Der zweite Wille Gottes ist der Friede. Wenn Jesus einen Menschen entließ, sagte er ihm: »Geh in den Frieden.« Wenn sie an ein Haus kommen würden, so sagte er seinen Jün-gern, so sollten sie es »grüßen mit dem Gruß des Friedens«. Wenn sie die Gewalt sehen, die überall am Werk ist, so sollen sie Frieden schaffen. Ich glaube also nicht an das Recht der Reichen, der Starken, der Gewalttätigen. Ich glaube nicht an die Siege der Siegreichen. Ich glaube an die Machtlosigkeit der Macht und an die Macht der Machtlosigkeit. Ich glaube an die offene Hand, die sich zur Versöhnung ausstreckt. Ich glaube an die befreiende Wirkung einer wehrlosen Güte überall, in den Familien, unter Nachbarn oder zwischen den Völkern. Ich glaube daran nicht, weil ich meinte, es werde schon alles gut ausgehen, sondern deshalb, weil ich glaube, daß ein Tun dieser Art Sinn hat unabhängig davon, wie es ausgeht. Ich bin kein Optimist, sondern einer, der dem unsichtbaren Gott und seinem verborgenen Wirken vertraut.

Ich glaube auch, daß der Streit, unter dem die Menschen in dieser Welt leiden, der Haß, das Mißtrauen, aber auch Schmerzen und Krankheit, Ungerechtigkeit und Angst nicht ewig dauern werden. Ich wage zu glauben an das Bild vom neuen Himmel und der neuen Erde, in der der Friede wohnt und die Gerechtigkeit. Ich glaube auch, daß Gott uns in jeder Situation so viel Kraft geben wird, wie wir brauchen. Aber es gehört zu meinem Glauben, daß er sie uns nicht im voraus geben wird, so daß wir uns in dem Bewußtsein wiegen könnten, es sei unsere Kraft, die seinen Willen erfüllt.

Und jetzt, erst jetzt, kann ich sagen, Gott sei der Schöpfer des Himmels und der Erde. Ich glaube also, daß diese ganze Welt aus der mütterlich-väterlichen Kraft Gottes kommt. Ich begegne dem Gott, dessen Bild mir Jesus Christus zeigt, in allen Dingen, in allen Wesen und Erscheinungen um mich her. Ich begegne ihm in dem wunderbaren Licht seiner Schöpfung und in allen den tiefen Schatten, die sie erfüllen. Ich begegne ihm in der Lebensfreude und im Leiden und Sterben seiner Geschöpfe. Ich begegne ihm in dem unbegreiflichen Urbeginn unserer Welt ebenso wie auch in ihrem absehbaren, langsamen Dahinsterben und in den Entwicklungen und

Verzweigungen der Geschichte des Lebens auf dieser Erde. Ich begegne ihm in seinen Naturgesetzen, in den Stoffen und Energien des Kosmos ebenso wie in meinem kleinen Menschenschicksal auf dieser Erde, diesem Sandkorn, das irgendwo im Universum dahintreibt, und ich weiß, daß es neben den drei Dimensionen, die mir vertraut sind, vielleicht fünfundzwanzig andere gibt, die mir in jeder Hinsicht ein Rätsel sind.

Wenn ich aber von Gott dem Schöpfer rede, dann kann ich als sein Geschöpf wissen, daß mir diese Erde nicht gehört. Sie ist sein Eigentum, und sie ist mir anvertraut. Ich bin nicht ihr Herr, ich bin vielmehr ein Teil von ihr. Aber ich bin ein von Gott bevorzugtes Teil. Gott hat all dies erdacht und geschaffen und schafft es weiter, es wird also meine besondere Würde sein, seinen Gedanken versuchsweise nachzudenken. Ich bin sein hörendes und schauendes Geschöpf. Ich werde also ein antwortendes sein, und meine Antwort wird die sein, daß ich an meinem Teil seine Schöpfung bewahre.

Ich glaube, daß ich eines Tages ganz zu ihm heimkehren werde, nicht wie ein Kitschengelchen mit goldenen Flügeln in einen Traumhimmel, sondern als ein Mensch. Ein Mensch vor Gott, der nicht zur ewigen Ruhe eingeht, sondern vor neue Aufgaben gestellt sein wird und in einen neuen und anderen Zusammenhang gerufen. Ich bin also einverstanden mit meinem Leben hier und mit meinem Ziel dort und bejahe das Werk Gottes, das ich bin.

Ich glaube an den Geist Gottes. Ich glaube an Jesus Christus. Ich glaube an Gott und weiß, daß alles, was ich getrennt wahrnehme auch von Gott, in Wahrheit eins ist. Der Gedanke von der Dreieinigkeit Gottes ist die Chiffre dafür. Ich verdanke Gott, was ich bin und habe. Ich bin in seiner Macht. Ich vertraue mich ihm an. Ich will ihn ehren und ihm danken, solange ich lebe und in Ewigkeit.

Das und ähnliches ist der Glaube, von dem ich reden will. Ist das zuwenig? Ich habe nicht davon geredet, Jesus sei »empfangen vom Heiligen Geist«, er sei geboren »von der Jungfrau Maria«, nicht davon, er sei zur Hölle gefahren und zum Himmel, nicht davon, er »werde kommen, zu richten die Lebenden und die Toten«. Ich habe ja auch kein Lehrbuch des christlichen Glaubens geschrieben, sondern nur erzählt, was mir widerfahren ist, was ich verstanden habe, was mir Mut und Kraft gibt und auf was ich mich verlassen möchte im Leben und im Sterben. Aber genau das ist es doch, was ich mit anderen zusammen als meinen Glauben bekennen möchte! Und wenn andere sagen: Ja, das ist es! Das haben wir erfahren! Das ist unser Glaube! dann hat mein Erzählen seinen Sinn erfüllt. Und vielleicht tritt dieses wechselseitige Erzählen an die Stelle, an der früher einmal ein gemeinsames Bekenntnis stehen konnte.

Wenn mich aber nun jemand genauer fragen sollte: Wer ist denn Jesus für dich? Dann stellt er doch wohl die Gretchenfrage unter den Gretchenfragen. Und Gretchenfragen lassen sich nur in der einfachen Sprache beantworten, die Gretchen versteht. Sonst sind es keine Antworten. Fausts Antwort jedenfalls war keine, und eine abstrakte Gedankenkonstruktion wie das altkirchliche Dogma ist es auch nicht.

Also: Wer ist Jesus Christus für mich? Das kann ich zwar einfach, aber nicht mit einem Wort sagen. Ich kann es eigentlich wieder nur erzählen. Er war und ist in meinem Leben immer mehr zu der einen Stimme geworden im Stimmengewirr der Weltgeschichte, die für mich Priorität hat vor allen anderen Stimmen und die sich lohnt zu hören. In ihm hat mit zunehmender Deutlichkeit immer wieder Gott zu mir gesprochen, und zwar mit zunehmend bindender Kraft. Es gab viele Denkwege und viele Wege einer religiösen Praxis, denen ich begegnet bin und die ich durchaus nicht verachtet habe, aber er war für mich ein Leben lang der Weg, der mich zu Gott geführt hat. An ihm habe ich nicht nur gesehen, was ich von Gott halten kann, sondern auch, was der Mensch im äußersten Fall zu werden berufen ist. Er war und ist für mich das Gesicht Gottes, in einem Menschengesicht verborgen und sich in einem Menschengesicht zeigend zugleich. Er hat mir immer wieder gesagt, Gott habe mir meine Fehler und meine Irrtümer, mein Versagen und meine Gemeinheiten, meine Selbstsucht und was es sonst sein mag, was er Sünde nennt, vergeben, und ich dürfe aufs neue kommen. Er ist immer mehr für mich zu der Gestalt geworden, an der ich meine Hoffnung festmache für die Zukunft der Welt und auch für die meine, die mich nach meinem Tode erwartet. Er ist auferstanden. Er ist also lebendig und ansprechbar. Er ist »zum Himmel gefahren«, also zu Gott zurückgekehrt und nun so gegenwärtig wie Gott selbst. Er wird das Maß sein, an dem ich mich messen lassen muß. Er ist bis zum heutigen Tag der Beauftragte und Bevollmächtigte Gottes mir gegenüber. Und das will ich jetzt und künftig sagen, wenn mich einer nach meinem persönlichen Bekenntnis fragt.

Ist das zuwenig? Ich meine, es sei jedenfalls das, was das Evangelium mir über ihn sagt, und alles Weitere bringt mir keine weitere Klarheit. Ich sage nicht, so müsse jeder denken. Ich sage aber, das sei Jesus für mich. Und mehr kann keiner sagen. Es geht ohnedies über mein Vermögen, dies alles jeden Tag und jede Stunde festzuhalten. Aber dafür, daß er dies alles für mich ist, dafür danke ich ihm und damit Gott. Und was den Heiligen Geist betrifft, so denke ich, die Tatsache, daß mir dieser Glaube verliehen ist, sei ein unverdientes Geschenk des Geistes Gottes, der sein Werk in mir tut.

Wenn ich indes darauf verzichten möchte, mir Gottes Dreieinigkeit, das heißt Gott in seinem »dreifachen inneren

Leben« vorzustellen, dann liegt darin keine Resignation, sondern die gelassene Bereitschaft, abzuwarten, bis sich mir das Geheimnis Gottes eines nahen oder fernen Tages erschließen wird. Heute weiß ich darüber so wenig wie alle die Väter der Kirche, die jahrhundertelang darüber nachgedacht haben. Ich werde auch gegenüber noch so gescheiten menschlichen Gedanken zunehmend zurückhaltender. Mir sind nicht die Gebildeten und Intelligenten unter den Müttern und Vätern unserer Kirche wichtig, sondern die Dünnhäutigen, die uns eine Ahnung davon geben, was Transparenz ist: durchscheinende menschliche Existenz, in der das Licht Gottes ein wenig aufscheint. Bis ich dieses Licht aber selbst schaue, möchte ich mich mit allzuviel Wissensdurst gedulden.

Ich weiß nicht alles, was ich wissen möchte. Darum beschreibe ich nicht Himmel, Hölle und die ganze Welt. Ich erzähle nur, was mir begegnet ist. Das ist mein Anteil an der Wahrheit. Und mehr, als daß ich sie bewahre und von ihr rede, wird in Zeit und Ewigkeit niemand von mir fordern.

Ich weiß, daß man an jedem Versuch, ein persönliches Glaubensbekenntnis abzulegen, Kritik üben kann. Aber warum soll ich mich vor Kritik fürchten? Jeder, der kritisiert, wird im guten Fall ein anderes, eigenes Bekenntnis dagegensetzen. Und ohne diesen Mut wird auch er mit seiner Kritik nur wenig glaubwürdig sein. Und so möchte ich jeden, der bis hier mitgegangen ist, bitten: Fasse hin und wieder Leuten gegenüber, zu denen du Vertrauen hast, den Mut, von der Geschichte deiner Erfahrungen zu reden. Von dem, was du finden konntest im Lauf deines Lebens, oder von dem, was dir von Anfang an mitgegeben war. Fasse den Mut, auch von dem zu reden, was dir an deinem Glauben unklar ist! Von dem, was du nicht erreichen konntest, was dir Schwierigkeiten macht. Und vielleicht findest du aus der Antwort, die deinem Mut begegnet, das eine oder andere klarer, deutlicher, runder, sinnvoller wieder. Wenn in der Zukunft eine Kirche unter uns leben soll, dann wird sie nicht deshalb leben, weil sie so gut organisiert ist, so gut versorgt oder so gründlich von oben belehrt, sondern weil das Gespräch über den Glauben der vielen einzelnen in ihr hin und her geht und dem Geist Gottes Raum gibt, uns alle miteinander zur Wahrheit zu führen.

12

Soll ich nun einen Vorschlag machen? Vielleicht ja.

Wenn nun einer sagt: Wie soll denn nach deiner Meinung ein Glaubensbekenntnis aussehen, das in sich stimmig und von deinen Erfahrungen aus wahr ist? Dann muß ich sagen: Ich habe nicht einen endgültigen Text, der von nun an hundert Jahre in der Kirche zu sprechen wäre; ich kann allenfalls einen Vorschlag machen, der zeigt, in welche Richtung wir miteinander denken könnten. Zum Beispiel diesen:

Wir stehen vor dir,
heiliger Gott, Mutter und Vater,
und bekennen gemeinsam:

Wir glauben an deinen Heiligen Geist,
der uns miteinander verbindet zu deiner Kirche.
Er hat uns das Herz geöffnet,
er gab uns Einsicht und Vertrauen.
Er machte dein Wort zu dem Licht,
das uns erleuchtet.
Er machte dein Sakrament zu dem Band,
das uns eint. Er wird uns weiterführen
auf dem Wege zu dir.

Wir glauben an Jesus Christus,
dein Geschenk an uns Menschen.
Er zeigt uns unseren Weg. Er steht uns bei.
Er nimmt uns unsere Last ab.
Er heilt und tröstet uns.
Er gibt uns Mut und Kraft,
deinem Willen nachzuleben.
Er leidet mit uns
und stirbt mit uns unseren Tod.
Ihn hast du aus dem Tode erweckt,
uns zur Hoffnung.

Wir glauben an dich, Gott,
den Barmherzigen.
Aus deiner Hand kommen wir.
In ihr sind wir. Aus ihr können wir nicht fallen.
Von dir empfangen wir Leben,
Glück und Leid, Mühe und Segen.
Du nimmst uns an trotz all unseres Versagens
und unserer vielfältigen Schuld.
Zu dir kehren wir zurück
am Ende unserer Zeit.

Du hast diese Welt geschaffen.
Du durchwirkst sie bis zum heutigen Tag.
Du hast uns diese Erde anvertraut,
sie zu schützen und zu bewahren,
damit deine Barmherzigkeit von uns ausgehe,
deine Gerechtigkeit und dein Friede.
Du wirst die Welt erneuern zu deinem Reich,
und wir werden, erlöst und befreit,
mit dir und in dir leben.

Wir danken dir und preisen dich
solange wir leben und in Ewigkeit.

Und wenn ich mir vorstelle, dieser Text sollte in einem
Gottesdienst von vielen gemeinsam gesprochen werden,
dann würde ich ihn noch ein wenig kürzer fassen:

Wir stehen vor dir, Gott,
der du die Liebe bist und das Erbarmen.

Wir glauben an deinen Heiligen Geist,
der uns eint und zu deinem Volk macht.
Er tut uns das Herz auf für dein Wort.
Er ist das Licht, das uns erleuchtet,
und die Kraft auf unserem Wege.

Wir glauben an Jesus Christus, den Bruder.
Er zeigt uns den Weg. Er steht uns bei.
Er sagt uns von deiner Güte
zu uns schuldigen Menschen.
Er leidet mit uns und stirbt mit uns unseren Tod.
Er führt uns aus dem Tod ins Leben.

Wir glauben an dich, Gott.
Aus deiner Hand kommen wir. In ihr sind wir.
Aus ihr können wir nicht fallen.
Denn du bewahrst uns deine Liebe,
trotz all unserer Verirrungen
und obwohl wir dir mit nichts danken können.
Aus deinem Plan kommen Glück und Leid.
In dich kehren wir zurück.

Aus deiner Hand kommt die Welt.
Du hast uns die Erde anvertraut,

damit deine Güte von uns ausgehe,
deine Gerechtigkeit und dein Friede.
Hilf uns tun, wozu du uns bestimmt hast.

Du segnest uns. Dir danken wir,
solange wir leben und in Ewigkeit.

Und wenn ich sagen sollte, welcher Text eines Zeitgenossen mir der vollkommenste zu sein scheint, dann würde ich den kurzen Hymnus von Anton Rotzetter noch einmal hierher setzen:

>>Du
Gott im Himmel oben
unbegreiflicher, ferner
Vater
wir beten Dich an.

Du
Gott auf der Erde unten
begreiflicher, naher
Jesus
wir lieben Dich.

Du
Gott in uns
begriffener, begeisternder
Geist
wir bezeugen Dich<<

In allen solchen Versuchen geht es um ein Finden von geeigneten Worten, gemeinsamen, und ein Gelingen, das nur Gottes Geist geben kann. Im »Buch der Könige« des Alten Testaments wird in einer kleinen Geschichte davon erzählt.

Eines Tages, als man den Tempel in Jerusalem erneuerte, fand der Priester Hilkia dort ein Buch. Er gab es dem Schreiber Schafan, und dieser brachte es zu dem König Josia. Der König ließ es dem ganzen versammelten Volk vorlesen, und es zeigte sich, daß hier auf eine ganz neue und vollmächtige Weise von Gott, von seinem Tun und Willen, die Rede war. So beschloß der König, an der Säule vor dem Tempel stehend, mit dem Volk zusammen, sie wollten alles erfüllen, was das neue Buch von ihnen verlangte.

Der Priester Hilkia, so heißt es, »fand« das Buch. Mit diesem Wort bezeichnete man damals gelegentlich den Vorgang, daß ein Mensch auf eine Eingebung Gottes hin etwas niederschrieb.

Nun ist selbstverständlich, daß alle Worte, die wir im Namen Gottes sagen, Versuche sind und bleiben, der Wahrheit Gottes nachzutasten, und daß alles, was uns verbinden soll, der gemeinsamen Offenheit und des gemeinsamen Nachdenkens bedarf. Eines gemeinsamen Ganges zum Heiligtum sozusagen. Ich kann nicht sagen, ich hätte es mit diesem kleinen Buch »gefunden«. Ich lege vielmehr nur einen Vorschlag auf den Tisch, an dem mir wichtig ist, daß wir weiterdenken, in Gesprächen oder auch in Briefen, die hin und her gehen. Vielleicht gibt uns Gott, daß wir auf diese Weise immer wieder und immer neu unser Wort »finden«, ein Wort, das würdig und geeignet ist, von den Seinen im Land ihm einzeln oder auch gemeinsam zugesprochen zu werden.

Quellenangaben

Trotz intensiven Nachvorschens war es nicht in allen Fällen möglich, die Rechte-Inhaber ausfindig zu machen. Für Hinweise sind wir dankbar. Wir danken den Autorinnen und Autoren für die erteilten Abdruckgenehmigungen.

1 Aus den Richtlinien der Kirchenbewegung Deutscher Christen in Thüringen. Zitiert in: Lesebuch für den Religionsunterricht, Stuttgart 1996, 156 – 157

2 SEIDEL-ZILS, Aktion Gottesdienst 1, 341, Arbeitskreis »Politisches Nachtgebet« Rheinhausen

3 DOROTHEE SÖLLE, FULBERT STEFFENSKY, »Politisches Nachtgebet in Köln«, Kreuz Verlag 1969, S. 26-27

4 DOROTHEE SÖLLE, LUISE SCHOTTROFF, »Die Erde gehört Gott«, Peter Hammer Verlag Wuppertal, 1995

5 HEIDI ROSENSTOCK, HANNE KÖHLER, »Du Gott, Freundin der Menschen«, Kreuz Verlag 1991

6 EVA RENATE SCHMIDT, MIEKE KORENHOF u. RENATE JOST, »Feministisch gelesen«, Band 2, Kreuz Verlag 1989

7 Originalmanuskript, © HEINO FALCKE, Erfurt.

8 MATTHEW FOX, »Vision vom himmlischen Christus«, Kreuz Verlag 1991, S. 362

9 Copyright bei DANKWART BESTE. Adresse unbekannt.

10 ERNESTO CARDENAL, Copyright Peter Hammer Verlag Wuppertal

11 KURT WOLFF, »...aber ich bitte dich. Mit Gott reden«, Neukirchener Verlag, 1993, Neukirchen-Vluyn

12 LOTHAR ZENETTI, »Texte der Zuversicht«, J. Pfeiffer Verlag, München ⁶1987, S. 241

13 HERIBURG LAERMANN, aus: »Familien- und Jugendgottesdienst«, Bergmoser und Höller Verlag, Aachen, Nr. 8/93

14 KURT MARTI »Für eine Welt ohne Angst«, Peter Hammer Verlag Wuppertal, 1985

15 © PETER SPANGENBERG, Achtrup

16 ANTON ROTZETTER, »Gott, der mich atmen läßt«, Verlag Herder, Freiburg. 2. Auflage 1995

17 HELMUT GOLLWITZER, © Chr. Kaiser Verlag/ Gütersloher Verlagshaus, Gütersloh

18 Herkunft unbekannt

Sind die Zehn Gebote überholt?

Dieses Buch erregt Aufsehen!

Wenn Jesus Gebote geschrieben hätte, würden sie sich anders anhören, als die Zehn Gebote des Alten Testaments. Jörg Zink leitet aus den Evangelien zehn Angebote und Weisungen ab, wie sie von Jesus her für Christen am Ende des 20. Jahrhunderts gelten.

Jörg Zink
Neue Zehn Gebote
96 Seiten, Paperback

KREUZ: Was Menschen bewegt.